Pia Gmeiner

Ein bunter, bunter Regenbogen

Pia Gmeiner

Ein bunter, bunter Regenbogen

Rhythmische
Spieleinheiten
für alle Jahreszeiten

Herder Freiburg · Basel · Wien

Gedruckt auf umweltfreundlichem,
chlorfrei gebleichtem Papier

Leider konnten nicht alle Rechtsinhaber ermittelt werden.
Berechtigte Ansprüche werden selbstverständlich abgegolten.

Titelillustration: Betina Gotzen-Beek
Textillustrationen: Ulla Häusler, Neuburg

Alle Rechte vorbehalten – Printed in Germany
© Verlag Herder Freiburg im Breisgau 1998
Satz: DTP-Studio Helmut Quilitz, Denzlingen
Druck und Bindung: Freiburger Graphische Betriebe 1998
ISBN 3-451-26477-3

Inhalt

Vorwort

In diesem Buch werden zahlreiche, praktisch erprobte Lieder mit Spiel- und Bewegungsideen für Kindergarten und Grundschule vorgestellt. Spaß und Freude stehen hierbei sicherlich im Vordergrund, doch werden durch den Umgang mit Musik und Bewegung noch weitere wichtige Erfahrungen gemacht und Fähigkeiten dazugewonnen:
– Körper- und Sinneswahrnehmung werden geschult,
– Phantasie und Kreativität gefördert,
– das Sozialverhalten wird geübt (so habe ich auch bei der integrativen Arbeit mit behinderten Kindern in der Gruppe, die begeistert und eifrig mitspielten, sehr gute Erfahrungen gemacht).

Die vorgestellten rhythmischen Übungseinheiten stellen Beispiele für Stundenabläufe dar. Thematisch sind diese Stundenbilder nach den 4 Jahreszeiten gegliedert, das heißt, jedes der jeweils 6 Stundenbilder behandelt ein zur Jahreszeit passendes Motiv, wie zum Beispiel das Erwachen der Tiere aus dem Winterschlaf im Frühling. Solche Bilder machen die einzelnen Rhythmikeinheiten für die Kinder interessanter und spannender, und diese bleiben konzentrierter bei der Sache.[1] Insbesondere für Erzieherinnen[2], die bisher wenig oder gar keine Erfahrung in der Rhythmik haben, wird es sinnvoll sein, sich zunächst einmal an einen solchen Ablauf zu halten. Wer regelmäßig Rhythmik macht, wird diese Stundenbilder jedoch mehr und mehr als Anregung für neue, eigene Ideen verstehen.[3]

Jedes einzelne Stundenbild beschreibt eine Einheit von ungefähr 30 Minuten. Je nachdem, wie intensiv die Gruppe mitarbeitet und ob Entspannungsübungen oder Phantasiereisen miteingebaut werden, kann die Stunde jedoch auch bis zu 60 Minuten dauern.

Ich habe bewußt keine Altersangaben zu den Stundenbildern gemacht, denn fast alle Übungen können für alle Altersstufen in Kindergarten und Grundschule eingesetzt werden. Wenn sie altersentsprechend umgestaltet werden sollten, werden in den Anmerkungen dazu Vorschläge gemacht. Mit den „Kleinen" sind hierbei die 3–5jährigen, mit den „Großen" die 6–9jährigen gemeint. Aber in meinen Gruppen hatte ich selbst 12jährige, die noch gern mitgemacht haben! Im Grunde also sollte die Erzieherin von Fall zu Fall entscheiden, welche Übungen gut und welche weniger gut geeignet sind.

Ich möchte allen danken, die auf irgendeine Weise zur Entstehung dieses Buches beigetragen haben: meinen Eltern und Schwiegereltern, meinen Kolleginnen, meiner Rhythmiklehrerin und vor allem meinem Mann und meinen drei Kindern.

Möge dieses Buch den Leserinnen und Lesern spannende, fröhliche und bereichernde Stunden mit Kindern bescheren!

---

[1] Die Idee einer Rhythmikstunde zum Thema „Regenbogen" stammt von Edith Neumann, bei der ich mich herzlich dafür bedanken möchte.
[2] Im folgenden wird immer von der „Erzieherin" gesprochen, womit sich die männlichen Kollegen bitte keinesfalls ausgeschlossen fühlen mögen!
[3] Den Anfängern möchte ich auch meine 3 Arbeitshefte „Rhythmik aus der Praxis für die Praxis" empfehlen, die über alle wichtigen Kataloge für Kindergartenbedarf bezogen werden können.

Die praktische Durchführung

Grundsätzliche Überlegungen und Anmerkungen

- Die Kinder sollten während der Übungen nicht kritisiert werden, denn das hemmt die Freude am eigenständigen Ausprobieren und Entdecken. Außerdem korrigieren sich die Kinder meist gegenseitig in der Gruppe.
- Aus dem gleichen Grund macht die Erzieherin die Übungen auch nicht vor.
- Die Erzieherin gibt mit dem Instrument die Signale für das, was zu tun ist. Dadurch tritt sie als Person in den Hintergrund.
- Die Durchführung einer Übung in freier Reihenfolge klappt meist nur bei den Größeren. Den Kleineren sollte man zum Beispiel durch Zuzwinkern signalisieren, wer an der Reihe ist.
- Ähnliches gilt auch für die Gemeinschaftsarbeit, zum Beispiel das gemeinsame Legen von Bildern. Auch hierbei haben die Kleinen manchmal noch Schwierigkeiten. Sie können alternativ allein oder mit einem Partner arbeiten.
- Die Anweisungen der Erzieherin sollten kurz und gut verständlich sein.
- Die Erzieherin sollte die verwendeten Lieder am besten vorher zu Hause einüben, um sie dann mit sicherer Stimme vortragen zu können. Zu einigen Versen können Phantasiemelodien erfunden werden; auch dies kann man vorher üben.
- Die Übungen sollten jeweils vom Einfachen zum Schweren führen. Die vorgestellten Stundenbilder berücksichtigen dies.
- Insgesamt sollten die Übungen flexibel gehandhabt werden, und es sollte stets Raum für Ideen und Vorschläge der Kinder bleiben, auch wenn dann beispielsweise das freie Spiel länger dauert als geplant und den Ablauf der Stunde durcheinanderbringt. Besteht man hier auf einer allzu starren Durchführung der Rhythmikeinheit, wird das den Kindern nur den Spaß an der Sache nehmen!

Äußere Bedingungen

Die Gruppenstärke:
Die ideale Gruppe setzt sich aus 8–12 Kindern zusammen, die einander im Entwicklungsstand in etwa entsprechen.
Bei auffälligen oder behinderten Kindern ist eine kleinere Gruppe von 3–6 Teilnehmern günstiger.

Die Raumgröße:
Diese hängt von der Größe der Gruppe ab. Jedes Kind sollte genügend Platz haben, um sich frei bewegen zu können. Zu große und unübersichtliche Räume können ggf. mit Hilfe einer Trennwand oder mit Materialien verkleinert werden.

Die Raumbeschaffenheit:
Ideal ist ein Holzboden, da hier die charakteristischen Geräusche der unterschiedlichen Materialien besser zu hören sind. Jedoch sollte auch ein ungeeigneter Boden kein Hinderungsgrund für die Durchführung einer Rhythmikstunde sein.

Die Kleidung:
Die Kinder sollten in jedem Fall bequeme Kleidung tragen, die bei den Bewegungen nicht einengt. An den Füßen haben sie keine festen Schuhe, sondern Turnschläppchen, Stoppersocken oder ähnliches.

Die Materialien:
Für die Entspannungsübungen sollten *bequeme Decken* oder auch *Lammfelle* zur Verfügung stehen, die sich jedes Kind von zu Hause mitbringt.
Ebenfalls können *Kassetten mit meditativer Musik* während der Ruhephasen eingesetzt werden, die leise im Hintergrund laufen. In einigen der Übungen werden dazu spezielle Hinweise gegeben. Ansonsten eignen sich beispielsweise auch einzelne Stücke von Rondo Veneziano, Richard Clayderman, Mozart oder auch Ludger Edelkötter oder Detlev Jöcker. Am besten hört sich die Erzieherin vorher die entsprechende Musik zu Hause an, um festzustellen, ob sie in einer Entspannungsphase nicht eher störend als unterstützend wirkt.
Als führendes Element einer Stunde eignen sich Kassetten weniger, denn mit ihnen kann man nur schlecht auf die Gruppe eingehen. Mit *Instrumenten,* beispielsweise einer Flöte, kann die Erzieherin das Tempo sehr viel besser der Gruppe anpassen und entsprechende Bewegungssignale geben.

In vielen Übungen werden *Namenskärtchen* verwendet. Dazu beklebt
man Bierdeckel mit jeweils andersfarbigem Tonpapier. Darauf werden
die Namen der Kinder geschrieben. Die Großen lesen dann im Spiel
ihre Namen ab, die Kleinen orientieren sich an den Farben.

Ansonsten gibt es fast nichts, was man nicht für die Rhythmik verwenden könnte: Servietten, Toilettenpapierrollen, Muggelsteine, unterschiedliche Legematerialien, Watte, Chiffontücher, Noppenbälle,
Naturmaterialien wie Kastanien, Äpfel, Blätter und noch vieles mehr.
In den einzelnen Übungen werden hierzu entsprechende Vorschläge
gemacht, die jedoch variiert und den entsprechenden Gegebenheiten
angepaßt werden können.

Stundenaufbau und stets wiederkehrende Elemente

– Vor Stundenbeginn stellt die Erzieherin die Stühle in einem *Halbkreis* auf. Die Kinder verteilen sich auf die Stühle und haben somit
  für diese Stunde ihren festen Platz, zu dem sie immer wieder zurück-
  kehren werden.
– *Die Begrüßung:* Ein festes Anfangsritual ist vor allem für die Kleinen
  wichtig. Mit ihnen wird daher am besten stets dasselbe, zum Beispiel
  das folgende Lied gesungen. Dazu bewegen sich die Kinder frei im
  Raum:

Text und Melodie: trad.

1. Wir fan-gen an, wir fan-gen an, wir fan-gen an zu
sin-gen und zu spie-len, la la la la la la la la la.

Mit den Großen kann man die Begrüßung in jeder Stunde unterschiedlich gestalten (siehe hierzu die einzelnen Vorschläge bei den Stundenbildern). Die Kinder bringen dabei ihre eigenen Ideen mit ein. So können sie beispielsweise ein Chiffontuch über dem Kopf des Kindes, das begrüßt werden soll, hin und her schwingen, dabei „Hallo" sagen oder auch schweigen.

– Nach der Begrüßung folgen *Bewegungs- und Wahrnehmungsspiele*, die von Thema zu Thema variieren. Soll die Erzieherin die Kinder dabei „singend in den Kreis bitten", so singt sie folgendes Signal zu der angegebenen oder auch zu einer frei erfundenen Melodie:

Al - le Kin - der kom - men jetzt zu mir! Macht ei - nen Kreis!

Den Text oder die Geschichte zu den *Entspannungsübungen,* die auf einige Bewegungsphasen folgen, spricht die Erzieherin mit leiser, monotoner Stimme, um das Ruhigwerden zu unterstützen. Zum Schluß jedoch holt sie die Kinder mit kräftiger Stimme aus ihrer Entspannung zurück oder läßt diese sich recken und strecken, bis sie wieder ganz wach sind.

– *Der Abschluß:* Mit den Kleinen wird wieder als festes Ritual stets dasselbe Schlußlied gesungen. Dabei finden sich alle zu einem Kreis zusammen und fassen sich an den Händen. Das folgende Beispiellied wird zu einer frei erfundenen Melodie gesungen, und der Text kann dem Thema der Stunde entsprechend abgeändert werden (statt „Vogelrhythmik" beispielsweise „Steinrhythmik").

Ade, ade, auf Wiedersehn,
wir kommen jetzt zum Ende.
Wir machen einen großen Kreis
und halten uns die Hände.
Die Vogelrhythmik machte uns große Freud',
doch ist jetzt damit Schluß für heut'!

Mit den Großen wird ein Schlußspiel gespielt. Dazu schlägt die Erzieherin 12mal auf dem Glockenspiel und singt dann das folgende Lied:

Wenn es zwölf ge-schla-gen hat, fliegt ein Vo-gel durch die Stadt. Vo-gel, komm. Rühr mich an, daß ich heim-gehn kann.

Auch hier wird der Text jeweils passend zur Stunde abgeändert, also
zum Beispiel „… geht ein Zwerg durch die Stadt". Während des Liedes berührt die Erzieherin ein Kind nach dem anderen mit dem Material, das in der Stunde verwendet wurde. Jedes Kind, das berührt wurde, geht zur Tür.
Wenn dieses Schlußspiel noch weiter abgeändert werden kann, wird in
den betreffenden Stunden darauf hingewiesen.

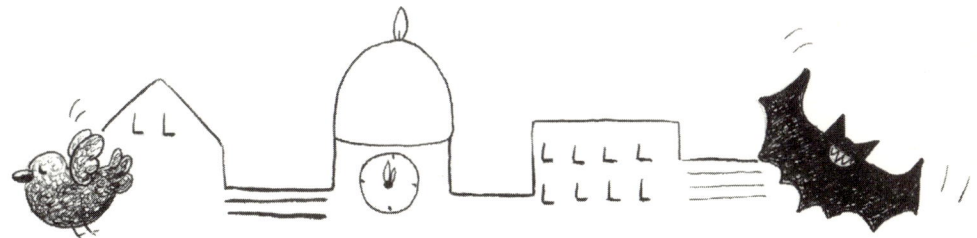

Frühling

Die Natur erwacht (Stunde 1)
Wir fliegen wie die Vögel und bauen uns ein Nest

Material:
Chiffontücher (jeweils 3 in einer Farbe), ein großes Tuch, Reifen, bunte Federn, Wolle, Watte, Fellstücke, Kassettenrekorder, Kassette: „Vogelhochzeit" von Rolf Zuckowski

1. Übung:
Begrüßung: Die Kinder sitzen auf Stühlen im Halbkreis. Unter dem großen Tuch in der Raummitte liegen die Chiffontücher, jeweils 2 davon gleichfarbig. Die Erzieherin nimmt das große Tuch weg, und ein Kind nach dem anderen holt sich jeweils ein Chiffontuch. Damit begrüßt es die anderen Kinder, dann legt es das Tuch unter seinen Stuhl und setzt sich wieder.
Die Kleinen singen ihr Begrüßungslied (siehe Seite 11).

Anmerkung:
Es bleibt stets dem einzelnen Kind überlassen, ob es die Kinder der Gruppe nacheinander begrüßt oder lieber die Gruppe insgesamt. Auch die weitere Gestaltung der Begrüßung bleibt ihm überlassen, ob es beispielsweise etwas sagen möchte oder nicht.

2. Übung: Alle zusammen machen nun ein Fingerspiel, wobei die Erzieherin den Text spricht und dabei gut sichtbar für alle die Fingerbewegungen vorführt:

Two little birds sitting on a wall.	Beide Hände liegen übereinander. Die Daumen zeigen dabei nach oben, die Handrücken nach vorn.
One name is Peter, one name is Paul.	Erst wackelt der eine Daumen leicht, dann der andere. Zum Beispiel ist der Daumen der rechten Hand Peter und der der linken Hand Paul.
Fly away Peter, fly away Paul.	Der rechte Daumen verschwindet hinter der linken Hand, der linke Daumen hinter der rechten Hand.
Come back Peter, come back Paul.	Die Daumen tauchen nacheinander wieder auf.

(trad.)

Anmerkung: *Fingerspiele sind vor allem bei kleinen Kindern sehr beliebt. Der fremdsprachige Text stört sie dabei nicht, im Gegenteil: Oft sind die Kleinen ganz stolz darauf, schon Englisch „sprechen" zu können!*

3. Übung: Die Kinder verteilen sich kreuz und quer im Raum. Sie werden nun in verschiedene Vogelgruppen eingeteilt: Alle Kinder sind Adler oder Störche oder Möwen und so weiter. Zu der folgenden Melodie ruft die Erzieherin die einzelnen Vogelgruppen erst zu sich und schickt sie dann zu ihren Stühlen zurück, also zum Beispiel: „Alle Adler fliegen jetzt zu mir, alle Adler schweben zum Platz. Alle Störche fliegen jetzt zu mir, alle Störche schweben zum Platz" und so weiter.

Al - le Ad - ler flie-gen jetzt zu mir! Al - le Ad - ler schwe-ben zum Platz!

Anmerkung: –

4. Übung: Die Kinder sitzen auf ihren Stühlen, unter denen jeweils ein Chiffontuch liegt. Beim Einsetzen des Liedes holen die Kinder ihre Tücher hervor, halten sie in einer Hand und fliegen so kreuz und quer durch den Raum. Am Ende des Liedes finden sich jeweils die Kinder zusammen, die ein Chiffontuch in der gleichen Farbe haben.

Text und Melodie: Margot Pötschke
aus: „Zeige, was du hörst"
© Mit freundlicher Genehmigung
EDITION WILHELM HANSEN HAMBURG

Vie - le, vie - le Mö - wen flie - gen, flie - gen hin und her,

bald hin - auf zum Him - mel hin, bald hin - ab zum Meer.

Durch - ein - an - der flie - gend, so ge - schickt sie sind,

daß sie sich nicht strei - fen in dem fri - schen Wind.

Vie - le, vie - le Mö - wen flie - gen, flie - gen hin und her,

bald hin - auf zum Him - mel hin, bald hin - ab zum Meer.

Anmerkung: *Das Möwenlied gibt einige Bewegungsarten vor. Die weitere Ausgestaltung aber bleibt der Phantasie der Kinder überlassen, denn schließlich bewegen sich auch Vögel nicht alle gleich!*

5. Übung: Die Paare bleiben noch zusammen. Sie fassen sich an einer Hand, in der anderen halten sie jeweils ein Chiffontuch. Zum „Möwenlied" fliegen sie nun gemeinsam durch den Raum.

Anmerkung: *Eine solche Partnerübung empfiehlt sich erst, wenn die Kinder in der Rhythmik schon ein bißchen geübt sind. Sonst passieren zu leicht kleine Unfälle, wenn beispielsweise ein Kind schneller läuft als das andere und dieses dann stolpert oder ähnliches.*

6. Übung: Die Partner fassen sich an den Händen. Die Erzieherin hält Chiffontücher in allen in der Gruppe vorkommenden Farben in der Hand. Während sie nun das Möwenlied singt, hält sie im Wechsel jeweils ein Tuch hoch. Die Vogelkinder, deren Tuchfarbe hochgehalten wird, fliegen im Raum umher, die anderen bleiben solange stehen.

Anmerkung: *Auch diese Partnerübung ist etwas für Geübtere. Je nachdem, wie gut die Kinder auf den Tücherwechsel reagieren, wechselt die Erzieherin die Tücher während des Singens schneller oder langsamer. Mit den Kleinen kann dies auch als Einzelübung durchgeführt werden. In dem Fall erhält jedes Kind 2 Tücher und somit 2 Flügel zum Fliegen.*

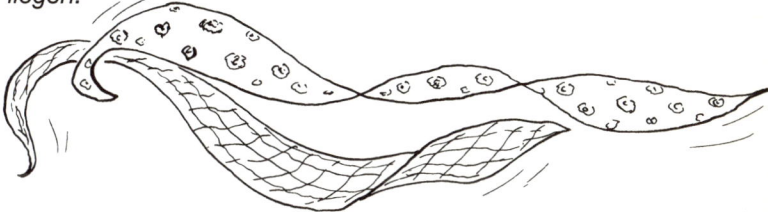

7. Übung: Die Vogelkinder stehen noch als Paar beisammen. Die Erzieherin verteilt so viele Reifen im Raum, wie es Vogelpaare gibt. In jeden Reifen legt sie ein Chiffontuch der entsprechenden Farbe. Am Rand des Raumes stehen genügend weiche Materialien bereit, wie bunte Federn, Tücher, Wolle, Watte, Fellstücke und so weiter. Nun baut sich jedes Vogelpaar in seinem Reifen ein schönes weiches Nest. Wenn es damit fertig ist, legt es sich dort ein bißchen zur Ruhe.

Anmerkung: *Das gemeinsame Bauen und Legen ist eine gute Schulung des Sozialverhaltens. Am Anfang werden die Kleinen hier wahrscheinlich noch Schwierigkeiten haben, und es wird zu Streitereien kommen. Mit der Zeit werden sie sich jedoch immer besser aufeinander einstellen können.*

8. Übung: Die Erzieherin spielt das Abendlied von der „Vogelhochzeit" von Rolf Zuckowski.

Wie schläft ein Vogel? Die Kinder sitzen auf den Unterschenkeln, der Kopf hängt schwer Richtung Boden oder wird unter einem Arm versteckt. Die beiden Arme sind dick aufgeplusterte Flügel. Je 2 Vögel rücken ganz dicht zusammen und wärmen sich gegenseitig.

Anmerkung: *Zusätzlich können sich die Vogelpaare noch abwechselnd mit einer Feder den Körper entlangstreichen, wobei sie mit einem Fuß beginnen und dann mit der Feder die Seite entlangfahren, bevor sie es ebenso mit der anderen Seite machen.*

Den Kleinen kann die Erzieherin alternativ zum Lied eine schöne Entspannungsgeschichte erzählen von einem Vogel, der vom Fliegen ganz müde geworden ist und sich nun in seinem Nest ausruht.

9. Übung: Die Erzieherin liest das folgende Gedicht vor. Die Vogelpaare sollen
zunächst einmal zuhören und dann besprechen, wer als erster und wer
als zweiter fliegt. Dann wird das Gedicht ein zweites Mal vorgelesen,
und die Kinder spielen die Handlung nach.

Zwei Vöglein schlafen im Nest, fliegt ein Stück
ganz fest.   und fliegt ins Nest zurück.

Das erste erwacht,   Nun fliegen sie beide
flattert und lacht,   durch Wald und Heide,

fliegt ein Stück   sie zwitschern vor Glück
und fliegt ins Nest zurück.   und fliegen zurück.

Das zweite erwacht,   Zwei Vöglein schlafen im Nest,
flattert und lacht,   ganz fest.

Hedwig Diestel

(entnommen aus: Rhythmen und Reime,
Arbeitsmaterial aus den Waldorf-Kindergärten Heft 6,
© Verlag Freies Geistesleben)

(Die Idee für diese Übung entstammt dem Buch „Rhythmik für alle
Sinne" von Susanne Peter-Führe, Seite 64 f.)

Anmerkung: –

10. Übung: Die Kinder räumen die Nester auf, kommen zu einem Kreis zusammen und singen ihr Schlußlied (siehe Seite 13).
Für das Schlußspiel sitzen die Vogelpaare in ihren Nestern und halten
die Augen geschlossen. Die Erzieherin schlägt 12mal auf dem Glockenspiel. Dann geht sie zu jedem Vogelkind und berührt es mit einem
Chiffontuch oder einer Feder irgendwo am Körper. Dabei singt sie das
Lied „Wenn es zwölf geschlagen hat" (siehe Seite 13).
Hat sie jedes Kind berührt, und ist das Lied zum letztenmal verklungen, räumen die Kinder die Nester auf und gehen zur Tür.

Anmerkung: –

Vogelvater, Vogelmutter, Vogelkind (Stunde 2)
Wir sind eine richtige Vogelfamilie!

Material: großes Tuch, Chiffontücher (jeweils 2 in der gleichen Farbe), Flöte, Reifen, Kopfkissenbezüge, Kassettenrekorder, Kassette „Vogelhochzeit" von Rolf Zuckowski und Kassette mit meditativer Musik, Klanghölzchen, Kärtchen mit aufgezeichneten Raupen, Fliegen, Würmern und ähnlichem, Spanstäbchen, Muggelsteine, Seile, Legematerial aus Holz

1. Übung: Begrüßung: Unter dem großen Tuch liegen die Chiffontücher paarweise nach Farben sortiert zusammen. Die Erzieherin entfernt das große Tuch, und ein Kind nach dem anderen holt sich jeweils 2 Tücher der gleichen Farbe. Dann setzt es sich wieder auf seinen Platz.
Nun werden Dreiergruppen gebildet, wobei in jeder Gruppe 3 verschiedene Farben vorhanden sein sollen. Die erste Dreiergruppe begrüßt mit ihren Tüchern die restlichen Kinder, setzt sich, und die nächste Dreiergruppe ist an der Reihe.
Die Kleinen singen ihr Begrüßungslied (siehe Seite 11).

Anmerkung: *Da im folgenden stets in Dreiergruppen gearbeitet wird und die Kinder in der Lage sein müssen, sich untereinander abzusprechen, empfiehlt sich diese Stunde für etwas größere und geübtere Kinder.*

2. Übung: Zum Flötenspiel der Erzieherin fliegen alle Kinder als Vögel durch den Raum. Dabei hält jedes seine 2 Chiffontücher als Flügel in den Händen. Wenn das Flötenspiel beendet wird, finden sich immer 3 Kinder zu einer Gruppe zusammen. Auch hier sollen wieder 3 Farben pro Gruppe vertreten sein.

Anmerkung: *Falls Streitigkeiten darüber aufkommen, wer mit wem in einer Gruppe ist, können die Kinder auch statt dessen Kärtchen ziehen. Diese bezeichnen je Vater, Mutter und Kind von verschiedenen Vogelarten.*

3. Übung: Jede Dreiergruppen-Vogelfamilie einigt sich, wer Vogelmutter, Vogelvater und wer Vogelkind ist. Wurden Kärtchen gezogen, stehen die
Rollen bereits fest. Die Erzieherin verteilt im Raum so viele Reifen,
wie es Dreiergruppen gibt. In jedem Reifen liegt ein Kopfkissenbezug.
Dann beginnt sie Flöte zu spielen, und die Kinder fliegen dazu als
Vögel durch den Raum. Ist die Musik beendet, fliegt jede Vogelfamilie
zu ihrem Reifen-Nest und setzt sich davor. Das Vogelkind macht sich
ganz klein und versucht, in den Kissenbezug zu schlüpfen. Die Eltern
helfen ihm dabei und machen dann die Knöpfe zu.

Anmerkung: *Wenn es die Kinder möchten, können sie die Übung auch mehrfach
wiederholen und sich als Vater, Mutter und Kind abwechseln.*

4. Übung: Die Erzieherin läßt das Lied „Immer nur brüten" von der „Vogelhochzeit" von Rolf Zuckowski laufen. Sobald das Lied beginnt, wärmen die Vogeleltern mit ihren Flügeln das Vogelkind. Wie fühlt sich
dieses dabei? Genießt es die Nähe und Enge, oder sind sie ihm eher
unangenehm?
Nun spielt die Erzieherin mit den Klanghölzchen und singt dazu nach
einer freien Melodie:

Tick, tick, tick, tick, tick,
was klopft denn da im Ei?
Ein Vogelbaby, zart und schön,
will frei sein, eins, zwei, drei.

In dem Moment schlüpft das Vogelkind aus seinem Kissenbezug-Ei.

Anmerkung: *Anschließend sollte die Erzieherin den Vogelkindern Gelegenheit
geben, zu erzählen, wie sie sich in dem „Ei" gefühlt haben.*

5. Übung: Die Erzieherin versteckt im Raum Kärtchen mit Abbildungen von Tieren, die Vögel gern fressen. Das Vogelkind in seinem Nest ist jetzt sehr hungrig, und die Vogeleltern müssen auf Futtersuche gehen. Sobald die Erzieherin 3mal mit den Klanghölzchen schlägt, fliegen die Eltern mit dem gefundenen Futter zurück zum Nest.

Anmerkung: *Damit auch die etwas langsameren Vogeleltern Futter finden, kann auch eine bestimmte Anzahl von Kärtchen pro Elternpaar vorgegeben werden. Mehr sollen sie dann nicht suchen.*

6. Übung: Nun ist die ganze Familie müde geworden, das Vogelkind vom Fressen und die Vogeleltern von der Futtersuche. Die Vogelfamilie rückt eng im Nest zusammen und atmet dann ganz ruhig ein und aus. Wie fühlen sich nun die Krallen (Füße) an? Wie die Flügel (Arme), der Oberkörper, der Kopf…? Spüren die Kinder auch den Körper neben sich? Wo spüren sie ihn, ist das angenehm oder nicht so angenehm?

Anmerkung: *Nach der temporeichen 5. Übung ist nun eine Entspannungsübung sinnvoll. Dabei kann leise Instrumentalmusik im Hintergrund laufen. Den Kleinen kann alternativ auch eine Geschichte erzählt werden, die von einer Vogelfamilie handelt.*

7. Übung: Nun ist es Zeit, daß das Vogelkind fliegen lernt. Dazu macht der Vogelvater seinem Kind eine Bewegung vor, die das Kind nachmacht. Danach ist die Vogelmutter mit Vormachen an der Reihe.

Anmerkung: *Diese Übung verlangt genaues Hinschauen und Nachmachen. Zu diesem Zeitpunkt haben sich die Kinder meist schon richtig mit ihrer Vogelfamilie identifiziert und sind mit Begeisterung bei der Sache.*

8. Übung: Die Vogelfamilie macht nun einen Ausflug. Mit ihren Tüchern als Flügel fliegt sie gemeinsam aus dem Nest. Das Vogelkind fliegt in der Mitte, und die Eltern sollen dicht bei ihm bleiben, um es nicht zu verlieren. Die Erzieherin singt dazu das Lied „Alle Vögel sind schon da". Sobald das Lied zu Ende ist, bleibt die Vogelfamilie stehen. Das Lied wird nochmals gesungen, und jetzt soll die Vogelfamilie am Ende der Musik gemeinsam im Nest stehen.

Anmerkung: *Diese Übung erfordert von den Kindern großes Geschick, denn sie müssen sich genau aufeinander abstimmen und Rücksicht nehmen. Wird die Übung mit kleinen Kindern durchgeführt, kann sich die Vogelfamilie auch zum Ausfliegen an den Händen fassen.*

9. Übung: Die Erzieherin stellt Spanstäbchen, Muggelsteine, Seile und Legematerialien aus Holz bereit. Dann wird kurz besprochen, wo Vögel überall ihre Nester bauen: auf einem Baum, im Gebüsch oder in einer Hecke, im Gras ... Nun legt sich jede Vogelfamilie neben ihr Nest ein Bild des Ortes, an dem sie nisten möchte.

Anmerkung: *Bei kleinen Kindern ist es sinnvoll, sie nur mit dem Legematerial ihre Nester verschönern zu lassen. Häufig lieben sie es auch, sich Straßen zu den anderen Vogelfamilien zu legen und sich gegenseitig zu besuchen.*
Eine geeignete Hilfe für größere Kinder ist zum Beispiel ein Poster, auf dem verschiedene Nester zu sehen sind. Meist hat dann jede Vogelfamilie gleich eine Idee, wo sie ihr Nest bauen möchte.

10. Übung: Nachdem das Gebaute gebührend bestaunt wurde, räumen alle gemeinsam auf. Das Schlußlied oder das Schlußspiel der 1. Stunde können wiederholt werden.

Anmerkung: *Wenn man in der nächsten Stunde das Thema Vogelfamilie noch einmal mit vertauschten Rollen aufgreifen möchte, kann auch alles bis auf das Legematerial liegenbleiben.*

Es grünt und blüht (Stunde 3)
Wir wachsen wie die Blumen

Material: Namenskärtchen, rote und gelbe Blüten aus Karton, Glockenspiel, Reifen, braune Servietten, ein rotes und ein gelbes Tuch, kleine Muggel- oder Kieselsteine, Legematerial, großer Karton, Kleber, Farben oder Kartonreste, Scheren

1. Übung: Begrüßung: In einem Reifen liegen verdeckt die Namenskärtchen sowie rote und gelbe Kartonblüten. Ein Kind nach dem anderen holt jeweils ein Kärtchen und eine Blüte und gibt beides dem Kind, dessen Name auf dem Kärtchen steht. Dabei wünscht es ihm etwas: „Ich wünsche dir für diese Woche …"
Die Kleinen singen ihr Begrüßungslied (siehe Seite 11).

Anmerkung: *Kleineren Kindern, die mitmachen, liest man die Namen auf den Kärtchen vor. Anstatt des Wunsches können sie dem jeweiligen Kind auch sagen, was ihnen besonders gut an ihm gefällt, zum Beispiel die schöne Haarspange, das fröhliche Lachen und so weiter. Die Erzieherin kann hier auch ein paar Vorschläge machen.*

2. Übung: Die Erzieherin spricht mit den Kindern kurz über die Kartonblüten: Was fehlt ihnen? (Blätter, Stiel, Wurzeln …) Wie entstehen Blüten und Blumen? (Samen, Zwiebeln …)
Dann probiert jedes Kind mit seiner Blüte aus, was es mit ihr machen kann, ohne daß diese zerknittert oder kaputtgeht. Wenn die Erzieherin 3mal auf dem Glockenspiel schlägt, legt sich jedes Kind seine Blüte auf den Kopf und bleibt stehen.

Anmerkung: *Bei den Kleinen ist für das Gespräch ein großes Bild von einer Blume hilfreich, auf dem alle ihre Einzelteile gut zu sehen sind.*

3. Übung: Jedes Kind macht eine Bewegung mit seiner Blume vor, und alle anderen machen sie nach.

Anmerkung: *Bei den Kleinen kann es passieren, daß einem Kind nichts einfällt und es die vorhergehende Bewegung nachmacht. Wenn die Gruppe nichts einzuwenden hat, ist das in Ordnung. Ansonsten kann die Erzieherin helfen und beispielsweise eine Kleinigkeit herausstreichen und so die Bewegung verändern.*

4. Übung: Die Kinder gehen in die Hocke, schließen die Augen und legen sich die Blüten auf den Kopf. Währenddessen verteilt die Erzieherin die braunen Servietten im Raum. Sobald sie 1mal auf dem Glockenspiel spielt, öffnen alle ihre Augen wieder.

Anmerkung: *Die Kleinen stützen sich in der Hockstellung mit den Händen zusätzlich am Boden ab.*

5. Übung: Alle überlegen gemeinsam, was die braunen Servietten darstellen könnten (Erde). Zu einem beliebigen Frühlingslied gehen dann alle kreuz und quer zwischen den Servietten umher. Wenn die Musik endet, legt jeder seine Blüte unter eine Serviette und merkt sich den Ort, an dem sie liegt.

Anmerkung: *Die Kleinen können sich als Merkhilfe auf die entsprechenden Servietten ihre Namenskärtchen legen, die sie anhand der Farben eigenständig erkennen.*

6. Übung: Die Erzieherin hält ein gelbes Tuch hoch. Nun gehen zu dem Lied nur die Kinder mit einer gelben Blüte im ganzen Raum um die Servietten herum. Die anderen bleiben stehen.

Anmerkung: *Wer nicht mehr weiß, welche Blüte in welcher Farbe unter seiner Serviette liegt, darf kurz nachschauen.*

7. Übung: Die gleiche Übung, nur wird jetzt ein rotes Tuchsignal gegeben.

Anmerkung: *Bei größeren Kindern können gegebenenfalls die Schritte 6 und 7 weggelassen und sofort die Übung 8 durchgeführt werden.*

8. Übung: Nun hält die Erzieherin beide Tücher hoch. Die Kinder gehen wieder im Raum umher und bleiben am Ende des Frühlingsliedes bei ihrer Serviette stehen.

Anmerkung: –

9. Übung: Die Erzieherin legt zu jeder Serviette eine weitere braune Serviette dazu. Die Kinder stellen sich mit beiden Füßen auf diese zweite Serviette und gehen in die Hocke, dabei können sie sich mit den Händen abstützen. Der Kopf ist leicht nach vorn geneigt. Dann sagt die Erzieherin:

Eure Füße sind eure Wurzeln, die fest in der Erde verankert sind. Sie stehen sicher und fest in der Erde. Die Erde ist weich und warm, sie gibt euch Halt und schützt euch vor Kälte. Gleich werdet ihr einen warmen Sonnenstrahl auf eurem Körper spüren. Fühlt dort in euch hinein, wo es warm wird…

Die Erzieherin legt jedem Kind für ein paar Sekunden die Hand auf den Rücken.

Die Wärme dringt in euren ganzen Körper, sie geht in die Füße, in eure Wurzeln, sie geht weiter bis zum Kopf, eurer Blüte.
Eure Blüte möchte wachsen, sich öffnen, sie braucht dazu noch etwas Regen. Wer gleich den Regen auf seiner Kopfblüte spürt, fängt langsam an zu wachsen. Die Blüte bleibt dabei noch geschlossen. Euer Kopf richtet sich noch nicht auf, nur der Körper streckt sich.

Die Erzieherin läßt sehr kleine Muggel- oder Kieselsteine oder auch Bohnen auf den Kopf jedes Kindes rieseln.

Auf Regen folgt jetzt Sonnenschein, die Blüte soll geöffnet sein. Ich tippe nun jeden Kopf leicht an. Dann öffnet sich die Blüte, die Hände und Arme könnt ihr dafür mit dazunehmen…

Anmerkung: *Wer von den Kindern möchte, kann im Anschluß erzählen, wie er oder sie sich als Blume gefühlt hat.*
Bei den Kleinen kann man diese Übung auch verkürzen, falls sie vorzeitig unruhig werden.

10. Übung: Die Erzieherin stellt Legematerial bereit. Jedes Kind geht nun zu seiner Blüte und legt alles, was dieser zum Wachsen noch fehlt (Wurzeln, Stiel, Blätter, Sonne, Regen …) dazu. Als Erde können wieder die braunen Servietten verwendet werden. Wer Lust hat, legt auch noch Tiere dazu, die die Blume besuchen (Biene, Käfer, Wurm…).

Anmerkung: *Bei den kleineren Kindern ist es sinnvoll, zunächst aufzuzählen, was eine Blume zum Wachsen alles braucht.*

11. Übung: Das Legematerial wird gemeinsam weggeräumt. Jedes Kind klebt nun seine Blüte auf Karton und stellt sich zum Schlußlied oder -spiel auf (siehe Seite 13). Anschließend werden im Gruppenraum die fehlenden Teile der Blüten auf den Karton dazugemalt oder aus Kartonresten geklebt. Alle Blumen werden nun zu einem Gemeinschaftsbild aufgehängt.

Anmerkung: *Der letzte Teil der Übung kann auch am Anfang der folgenden Rhythmikstunde durchgeführt werden. In dem Fall hängen die Kinder ihre Bilder im Rhythmikraum auf.*
Anschließend kann man den Kindern noch eine Bohne, falls man welche verwendet hat, zum Einpflanzen mit nach Hause geben. Bohnen wachsen sehr schnell, und die Kinder sind meist ganz begeistert und eifrig bei der Sache. (Getrocknete Bohnen müssen übrigens vor dem Einpflanzen über Nacht in lauwarmem Wasser eingeweicht werden. Dann steckt man sie 1–2 cm tief in die Erde und gießt kräftig an.)

Die 7 Farbenfreunde (Stunde 4)
Wir legen einen Regenbogen

Material: Chiffontücher in den 7 Farben des Regenbogens, ein großes Tuch, Glockenspiel, ein Beutel mit gedrehten Wollkordeln in den Regenbogenfarben (80 cm – 1 m lang), 14 Pappkärtchen mit aufgemalten Motiven, Decken, Kassettenrekorder, Kassette mit meditativer Musik, ggf. Kleber, Karton, Legematerialien, Wachsmalstifte, Papier

1. Übung: Begrüßung: Die Chiffontücher liegen in Form eines Regenbogens unter dem großen Tuch. Die Kinder sitzen auf Stühlen im Halbkreis um das Tuch herum. Nun entfernt die Erzieherin das große Tuch, und ein Kind nach dem anderen holt sich ein Chiffontuch und begrüßt damit die ganze Gruppe. Nach der Begrüßung legt das Kind das Tuch an seinen Platz zurück und setzt sich wieder.
Die Kleinen singen ihr Begrüßungslied (siehe Seite 11).

Anmerkung: *Es ist sinnvoll, nach der Begrüßung noch kurz mit den Kindern über die Entstehung des Regenbogens zu sprechen.*

2. Übung: Die Kinder gehen kreuz und quer durch den Raum. Sobald die Erzieherin auf dem Glockenspiel spielt, bleiben alle stehen; hört die Musik auf, gehen sie weiter. Dann geht ein Kind nach dem anderen zum Glockenspiel und spielt, während die anderen wieder stehenbleiben. Hört es auf, gehen alle weiter, bis das nächste Kind Musik macht.

Anmerkung: *Bei den Kleinen sollte die Erzieherin leise die Namen flüstern, damit die Kinder wissen, wann sie mit dem Glockenspiel an der Reihe sind. Die Größeren machen dies in freier Reihenfolge.*
Alternativ kann auch umgekehrt gespielt werden, das heißt, die Kinder bleiben beim Aussetzen der Musik stehen und laufen zum Glockenspiel durch den Raum. Dabei kann in verschiedenen Tempi gespielt werden, und die Kinder bewegen sich entsprechend.

3. Übung: Während die Erzieherin wieder auf dem Glockenspiel spielt, gehen alle Kinder zu ihr hin und bilden einen Kreis.
Nun wird der Beutel mit den Kordeln im Kreis herumgegeben. Jedes Kind faßt hinein und beschreibt, wie sich der Inhalt anfühlt, ohne zu verraten, worum es sich handelt.

Anmerkung: *Anstatt auf dem Glockenspiel zu spielen, kann die Erzieherin auch singen. Die Kleinen sollte man während des Herumreichens des Beutels immer wieder darauf aufmerksam machen, daß sie nichts herausnehmen, sondern nur ertasten sollen.*

4. Übung: Die Erzieherin schüttet den Beutelinhalt in die Kreismitte. Es sind so viele Kordeln wie Kinder in der Gruppe. Sind es mehr als 7 Kinder, gibt es von manchen Farben 2 Kordeln.
Nun holt sich ein Kind nach dem anderen jeweils eine Kordel.

Anmerkung: *Ein Tip zum Herstellen der Kordeln: Die einzelnen Wollfäden werden mit einem Ende an den Knethaken eines Handrührgerätes geknüpft. Das andere Ende wird festgehalten, das Rührgerät eingeschaltet, und schon ist die Kordel fertig gedreht. Zum Schluß wird jedes der beiden Kordelenden verknotet.*

5. Übung: Die Kinder können ausprobieren, was man mit einer Kordel alles machen kann. Sobald die Erzieherin eine Hand hochhält, hören sie auf.

Anmerkung: –

6. Übung: Jedes Kind macht eine Bewegung mit der Kordel vor, die anderen machen sie nach.

Anmerkung: –

7. Übung: Die Erzieherin hat pro Farbe mindestens 2 Pappkärtchen vorbereitet. Auf diesen Kärtchen ist etwas für diese Farbe Typisches aufgeschrieben oder, für die Kleinen, aufgemalt, zum Beispiel eine Obst- oder Gemüsesorte. Die Erzieherin geht nun zu jedem Kind und zeigt ihm ein Kärtchen, das zu seiner Kordelfarbe paßt. Das Kind legt mit seiner Kordel diesen Begriff, und die anderen Kinder versuchen, ihn zu erraten.

Anmerkung: *Es ist wichtig, etwas für die betreffende Farbe wirklich Typisches zu wählen, das zudem noch leicht zu legen ist, beispielsweise Rot für ein Herz.*

8. Übung: Die Kinder holen sich jeweils eine Decke und legen diese neben ihr Kordelbild. Die Erzieherin macht leise Musik an und erzählt:

Wir machen eine Phantasiereise ins Land der Farben. Hört gut zu, denn wer sich merkt, in welcher Reihenfolge ich von den Farben erzähle, der weiß nachher, aus welchen Farben ein Regenbogen besteht.
Legt euch ganz bequem auf eure Decken und schließt die Augen. Alles ist müde geworden und möchte sich ausruhen, die Füße ruhen sich aus, die Beine, der Bauch, die Arme, der Kopf.
Es war einmal ein kleines Rot, das war allein und traurig. Stellt euch einmal die Farbe Rot vor ...

Die Erzieherin legt dem oder den Kindern, die eine rote Kordel haben, ein rotes Chiffontuch auf das Gesicht. Bei den folgenden Farben wird entsprechend verfahren.

Das Rot ging zum Orange und sagte: „Geh mit mir, ich suche viele Schwestern und Brüder, frohe, helle Farben, die mit mir spielen."
Das Rot und das Orange gingen zusammen weiter. Unterwegs trafen sie das Gelb, es leuchtete so hell und so schön wie die Sonne. Das Gelb freute sich, daß es nun 2 Freunde hatte, und es ging mit ihnen weiter, bis sie zu einer großen grünen Wiese kamen. Dort trafen sie das kleine Grün, und es schloß sich ihnen an.
Dann kamen sie an einen kleinen Bach, aus dem hüpfte das Blau heraus. Es ging mit den Farben Rot, Orange, Gelb und Grün mit. Nun waren es schon 5 Farbenfreunde, die miteinander durch die Welt spazierten.

Als die 5 Freunde an einem Garten vorbeikamen, sahen sie lila und rosa Blumen. Aus denen heraus sprangen die Farben Lila und Rosa, die sich zu ihnen gesellten. Jetzt waren es 7 Farbenfreunde, die miteinander durch die bunte Farbenwelt zogen. Sie freuten sich sehr, denn keiner von ihnen war mehr allein und traurig. Als sie müde wurden, legten sie sich nebeneinander hin und schliefen ein. Im Traum sahen sie einen wunderschönen Regenbogen am Himmel. Wenn ihr genau aufgepaßt habt, dann seht ihr jetzt auch in eurem Farbentraum einen Regenbogen, der aus allen 7 Freunden besteht. Denkt noch einmal daran, welche Farben nacheinander zusammengefunden haben, und schon seht ihr den schönsten Regenbogen vor euch. Macht nun langsam die Augen auf, und dann sieht jeder eine Farbe des Regenbogens vor seinen Augen. Nehmt das Tuch in eine Hand, steht auf, und dann legt der erste von euch sein Tuch auf den Boden, um einen Regenbogen zu bilden. Dann der zweite von euch…, bis wir zusammen einen Regenbogen aus Tüchern gelegt haben.

Die Kinder legen wie beschrieben den Regenbogen. Anschließend werden die Decken weggeräumt.

Anmerkung: *Bei den Kleinen ist es sinnvoll, noch mehr typische Dinge der entsprechenden Farbe zu nennen, zum Beispiel „rot wie ein Feuerwehrauto, eine Erdbeere …". Dann stellen sie sich auf jeden Fall die richtige Farbe vor.*
Beim Legen des Regenbogens kann man auch die ganze Gruppe mitentscheiden lassen, wer wann an der Reihe ist.

9. Übung: Die Kinder fassen sich an den Händen, bilden einen Kreis und machen um ihren Tücher-Regenbogen einen ausgelassenen Freudentanz.

Anmerkung: –

10. Übung: Hier kann einer der folgenden Vorschläge ausgewählt werden:
1. Alle Kinder machen aus ihren Kordeln ein Gemeinschaftsbild. In der richtigen Reihenfolge kleben sie ihre Kordeln nacheinander auf Karton.
2. Jedes Kind bekommt ein Blatt Papier, Klebstoff und Wachsmalstifte. Es klebt seine Kordel auf und malt die restlichen Farben des Regenbogens dazu.
3. Jedes Kind legt aus verschiedenen Legematerialien die Phantasiereise nach oder malt die Reise auf ein Blatt Papier.

Anmerkung: *Der 1. Vorschlag eignet sich eher für die Kleinen, der 2. und 3. eher für die Großen.*

11. Übung: Die Kinder singen gemeinsam:

Text und Melodie: trad.

Seht, da kommt die Rie - sen - schlan - ge. Sie geht aus zu

ih - rem Fan - ge. Vorn der Kopf und

hint' der Schwanz, jetzt be - ginnt der Schlan - gen - tanz.

Dabei bilden die Kinder eine Schlange, indem sie sich jeweils an der Kordel des Vordermannes festhalten. Wieder sollte die Reihenfolge der Farben beachtet werden.

Anmerkung: *Haben die Kinder in der vorherigen Übung ihre Kordeln aufgeklebt, fassen sie sich in der Reihenfolge ihrer Farben an den Händen.*

12. Übung: Die Kleinen singen ihr Schlußlied, die Großen spielen ihr Schlußspiel (siehe Seite 13).

Anmerkung: –

Mauer, Schloß und Ritterburg (Stunde 5)
Rhythmik mit Holzpflöcken

Material: ein großes Tuch, Namenskärtchen, Decken, Holzpflöcke, Legematerial, Flöte, Kassettenrekorder, Kassette mit meditativer Musik

1. Übung: Begrüßung: Verdeckt unter einem Tuch liegen die Namenskärtchen. Die Erzieherin nimmt das Tuch weg, und ein Kind nach dem anderen holt sich ein Kärtchen. Dann begrüßt es das Kind, dessen Name auf dem Kärtchen steht. Das begrüßte Kind legt sein Kärtchen unter seinen Stuhl.
Die Kleinen singen ihr Begrüßungslied (siehe Seite 11).

Anmerkung: *Wie immer bleibt die nähere Ausgestaltung der Begrüßung den Kindern selbst überlassen.*

2. Übung: Im Raum liegen Holzpflöcke auf dem Boden verteilt. Pro Kind steht ein Pflock zur Verfügung.
Die Kinder gehen durch den Raum, ohne an etwas anzustoßen oder einen Pflock zu berühren. Wenn die Erzieherin eine Hand hochhält, stellt sich jedes Kind mit beiden Füßen auf einen Pflock. Senkt die Erzieherin ihre Hand wieder, gehen alle weiter durch den Raum. Die Übung wird einige Male wiederholt. Dabei sollen sich die Kinder immer wieder einen neuen Pflock suchen.

Anmerkung: –

3. Übung: Wie Übung 2, nur daß sich jetzt jedes Kind immer auf denselben Pflock stellt. Es muß sich also den Ort merken, an dem er liegt.

Anmerkung: *Manchmal entstehen kleine Streitigkeiten, wenn sich 2 Kinder denselben Pflock ausgesucht haben. In der Regel sind sie jedoch mit einem Gespräch, das die Erzieherin anregen sollte, schnell aus der Welt geschafft, und die Kinder werden sich einig.*

4. Übung: Die Kinder nehmen ihre Pflöcke in die Hände und setzen sich in einen Kreis. Nun beschreibt ein Kind nach dem anderen seinen Pflock, wie er aussieht, wie er sich anfühlt... Danach können die Kinder frei mit ihrem Pflock spielen.

Anmerkung:	*Beim freien Spiel sollten die Kinder die Einschränkung erhalten, mit dem Pflock nicht zu werfen und nicht zu kicken.*

5. Übung: Jedes Kind macht mit seinem Pflock etwas vor, die anderen Kinder machen es nach.

Anmerkung: –

6. Übung: Entspannungsübung:

Jedes Kind holt sich seine Decke und legt sich darauf. Der Pflock liegt ebenfalls auf der Decke. Die Erzieherin spielt leise Hintergrundmusik ein. Dann legt sie jedem Kind den Pflock auf den Körper. Es soll nun dorthin spüren, wo der Pflock es berührt. Wie fühlt sich der Pflock an? Was spürt das Kind? Die Kinder beschreiben ihre Gefühle. Dann stehen sie vorsichtig auf und legen den Pflock auf die Decke. Mit einem Fuß stellen sie sich darauf. Wie fühlen sie sich? Was fühlt der rechte, was der linke Fuß? Welcher fühlt sich wohler? Die Erzieherin nennt nun nacheinander die Namen der Kinder, und jedes holt sich einen 2. Pflock. Die Kinder stellen sich mit je einem Fuß auf einen Pflock. Wie ist das Gefühl in den Füßen jetzt im Unterschied zur Übung davor?

Anmerkung: *Für diese Übung sollte die Erzieherin sich und den Kindern genügend Zeit lassen. Es ist für Kinder generell sehr wichtig, daß sie lernen, über Gefühle zu sprechen, daß sie auf ihren Körper achten und daß man sie ernst nimmt und ihnen zuhört.*

7. Übung: Die Kinder bauen aus allen Pflöcken eine Mauer durch den Raum. Ein Kind beginnt und stellt seine beiden Pflöcke in der Mitte des Raumes längs oder hochkant auf den Boden. Dann stellt das nächste Kind seine Pflöcke daran und so weiter.

Anmerkung: *Die Erzieherin sollte angeben, an welcher Stelle mit dem Mauerbau begonnen wird. Kleinere Kinder ruft sie dann nacheinander auf, größere bauen in freier Reihenfolge.*

8. Übung: Die Kinder stellen sich in einer Reihe nebeneinander vor der Mauer auf. Ein Kind beginnt. Sobald die Erzieherin mit der Flöte einen Ton spielt, springt das 1. Kind über die Mauer, beim 2. Ton das neben ihm stehende Kind und so fort. In der gleichen Reihenfolge springen die Kinder anschließend auf den Ton der Flöte wieder zurück.

Anmerkung: *Das Springen über die Mauer macht den Kindern meist großen Spaß. Die Erzieherin kann dabei die Töne schneller oder langsamer hintereinander spielen, je nach Alter der Kinder.*

9. Übung: Immer 2 Kinder fassen sich an den Händen, und auf den Ton der Flöte springen die beiden über die Mauer, ohne einander loszulassen.

Anmerkung: *Bei den Kleinen kann man die Übung vereinfachen, indem man sie lediglich gemeinsam mit einem Partner über die Mauer springen läßt, ohne daß sie sich an den Händen fassen.*

10. Übung: Alle bauen die Mauer wieder ab, und zwar in der gleichen Reihenfolge, in der sie sie aufgebaut haben. Wer hatte seine beiden Pflöcke zuerst hingestellt? Wer war dann an der Reihe?

Anmerkung: *Bei solch einer Übung korrigieren sich die Kinder meist gegenseitig. Manche Kinder passen so gut auf, daß sie genau wissen, wer wann an der Reihe ist.*

11. Übung: Je nachdem, wie viele Pflöcke man insgesamt zur Verfügung hat, kann man ein gemeinsames Schlußbild aus allen Pflöcken legen lassen. Oder:

1. Die Kinder werden in 2 Gruppen geteilt. Jede Gruppe legt sich aus einer bestimmten Anzahl von Pflöcken ein Schloß oder eine Ritterburg. Weiteres Legematerial kann gegebenenfalls noch bereitgestellt werden.
2. Jedes Kind legt für sich etwas aus Pflöcken und Legematerial.
3. Immer 2 Kinder legen zusammen ein Bild aus Pflöcken.

Schließlich räumen alle auf und spielen das Schlußspiel oder singen das Schlußlied (siehe Seite 13).

Anmerkung: *Zum gemeinsamen Bauen in der Gruppe sind die Kinder meist erst spät in der Lage.*
Das Legen und Bauen mit einem Partner geht aber in der Regel auch schon bei den Kleinen recht gut. In jedem Fall sollte die Erzieherin darauf achten, daß sich alle Kinder gleichberechtigt einbringen können.

Bunt wie eine Frühlingswiese (Stunde 6)
Wir spielen mit verschiedenen Farben

Material:
Tücher oder Servietten in den Farben Rot, Grün, Blau und Gelb, große Legosteine in diesen 4 Farben, Säckchen aus Baumwolle, 4 Körbe, Kassettenrekorder, Kassette mit meditativer Musik, Decken

1. Übung:
Begrüßung: Vor den Kindern liegen die Tücher, immer 2 in der gleichen Farbe: Der Reihe nach holt sich immer ein Kind ein Tuch und setzt sich. Die beiden Kinder, die nun jeweils ein gleichfarbiges Tuch haben, begrüßen sich. Welche Farbe anfängt, bestimmt die Gruppe. Die Kleinen singen ihr Begrüßungslied (siehe Seite 11). Danach holt sich jeweils ein Kind ein Tuch. Die Erzieherin blinzelt dabei dem Kind, das an der Reihe ist, zu.

Anmerkung:
Für die Großen kann diese Übung manchmal eine Überwindung sein, wenn nämlich der eine oder andere ein Kind begrüßen muß, das er nicht so gerne mag.
Besteht die Gruppe aus mehr als 8 Kindern, sind einige Farben entsprechend öfter vertreten.

2. Übung:
Wenn die Erzieherin 4 Tücher in allen 4 Farben hochhält, gehen die Kinder mit ihren Tüchern durch den Raum. Sobald die Erzieherin die Tücher wieder herunternimmt, bleiben alle stehen.

Anmerkung:
–

3. Übung:
Die Erzieherin hält nur 1 Tuch nach oben und nur 2 Kinder gehen um die im Raum stehenden Kinder herum. Dies wird wiederholt, bis alle Farben an der Reihe waren.

Anmerkung:
–

4. Übung:
Jedes Kind legt sein Tuch ausgebreitet vor sich auf den Boden. Die Erzieherin bittet singend alle zu sich, um einen Kreis zu machen (siehe Seite 12).
Dann gibt sie ein verschlossenes Säckchen mit einem Legostein reihum. Die Kinder sollen den Inhalt betasten, ohne ihn zu verraten.

Anmerkung:
–

5. Übung: Die Erzieherin nimmt den Stein aus dem Säckchen heraus und gibt ihn reihum. Was sagen die Kinder jetzt über das Material?
Dann werden 4 Körbe in den Kreis gestellt. In jedem Korb befinden sich Legosteine in nur einer Farbe. Das Kind, dem die Erzieherin zunickt, holt sich einen Legostein, der die gleiche Farbe hat wie sein Tuch.

Anmerkung: *Größere Kinder können sich ihre Legosteine wieder in freier Reihenfolge holen.*

6. Übung: Jedes Kind setzt sich neben sein Tuch. Solange die Erzieherin ihre Tücher hochhält, probieren die Kinder, was sie mit Legosteinen und dem Tuch alles machen können. Wenn die Erzieherin ihre Tücher wieder herunternimmt, hören alle Kinder auf.

Anmerkung: *Bei dieser Übung kann man zu dem visuellen noch ein akustisches Signal geben, zum Beispiel Pfeifen. Denn manche Kinder sind so in ihr Spiel vertieft, daß sie das visuelle Signal übersehen.*

7. Übung: Die Erzieherin hält ein Tuch hoch, und die beiden Kinder, die ein Tuch und einen Stein in der gleichen Farbe haben, führen nacheinander ihre Übungen vor. Die restlichen Kinder machen diese Bewegungen nach. Dies geht so lange, bis alle Kinder an der Reihe waren.

Anmerkung: –

8. Übung: Die Erzieherin hält einen Legostein hoch. Wer noch keinen Stein in dieser Farbe hat, holt sich einen aus dem Korb und legt ihn auf sein Tuch zu seinem Stein dazu. Das geht so lange, bis alle Kinder 4 Steine in 4 verschiedenen Farben auf ihrem Tuch liegen haben.

Anmerkung: –

9. Übung: Jedes Kind holt seine Decke und legt sie neben sein Tuch. Die Erzieherin spielt leise Musik ein und sagt:

Legt euch ganz ruhig auf den Bauch.
Spürt die Decke unter euch mit den Beinen,
dem Bauch, den Armen, dem Kopf.
Spürt ihr die Decke?

Dann legt sie die 4 Legosteine jedem Kind auf verschiedene Stellen seines Körpers.

Spürt jeden einzelnen Stein. Was spürt ihr? Wo spürt ihr es?

Anmerkung: –

10. Übung: Jedes Kind steht vorsichtig auf, räumt seine Decke weg und legt aus
allen seinen Legosteinen auf seinem Tuch eine bunte Frühlingswiese.
Danach zeigen sich die Kinder gegenseitig ihre Kunstwerke.

Anmerkung: –

11. Übung: Zum Ausklang der Stunde bauen die Kinder gemeinsam aus allen
Legosteinen einen großen Turm. Alle versammeln sich um den Turm,
singen das Schlußlied oder spielen das Schlußspiel (siehe Seite 13).

Anmerkung: –

Sommer

Igel Fritz spielt mit seinen Freunden (Stunde 1)
Spiele und Massagen mit dem Noppenball

Material: Korb mit Noppenbällen (Igel- oder Massagebälle), ein Reifen, Schuhkarton mit einem in eine Seitenwand eingeschnittenen Loch, Flöte, Decken

1. Übung: Begrüßung: Die Erzieherin bittet die Kinder singend in den Kreis (siehe Seite 12). Alle halten sich an den Händen und singen das folgende Lied:

Text und Melodie: Rolf Krenzer
aus: „Ein Strumpf gehört an jedes Bein",
© Verlag Ernst Kaufmann, Lahr

1. Hän - de - drük - ken, Hän - de - drük - ken ist 'ne schö - ne
Hän - de - drük - ken, Hän - de - drük - ken ist 'ne schö - ne

Kunst. Kunst. Ich drük - ke mit der rech - ten Hand, ich

drük - ke mit der lin - ken Hand, der rech - ten Hand, der

lin - ken Hand und dann mit al - len bei - den.

Die Kinder machen die im Text angegebenen Bewegungen mit.
Die Kleinen singen das Begrüßungslied (siehe Seite 11).

Anmerkung: –

2. Übung: Die Erzieherin dreht einen Reifen wie einen Kreisel an. Solange der Reifen sich dreht, gehen die Kinder durch den Raum, ohne an etwas anzustoßen. Sobald der Reifen auf dem Boden liegt, gehen alle in die Hocke. Diese Übung kann einige Male wiederholt werden.

Anmerkung: *Wenn den Kindern die Übung Spaß macht, können auch sie selbst nacheinander den Reifen andrehen.*

3. Übung: Die Erzieherin stellt sich an den Rand des Reifens und fordert die Kinder singend auf, einen Kreis zu bilden (siehe Seite 12). Die Kinder stehen um den Reifen herum, und gemeinsam setzen sich alle in den Schneidersitz. Dann holt die Erzieherin einen verschlossenen Schuhkarton, in dessen Seitenwand ein kleines Loch hineingeschnitten ist, durch das eine Kinderhand paßt. In dem Karton befindet sich ein Noppenball. Ein Kind beginnt, faßt in die Öffnung und beschreibt, was es fühlt, ohne den Namen des Materials zu nennen. Der Karton wird reihum gereicht, bis alle Kinder einmal tasten durften.

Anmerkung: –

4. Übung: Der Deckel des Kartons wird abgenommen, und alle schauen hinein. Die Erzieherin stellt den Noppenball als Igel Fritz vor, der die Hände von jedem Kind wärmen möchte. Sie gibt den Igel einem Kind und zeigt ihm, wie es ihn ganz schnell zwischen beiden Händen hin- und herrollt, damit die Hände warm werden. Das Kind gibt den Igel an das nächste weiter. Das geht so lange, bis alle an der Reihe waren.

Anmerkung: *Nicht nur die kleinen, auch die größeren Kinder sind meist ganz begeistert, wenn der „Igel" einen Namen trägt!*

5. Übung: Ein Korb mit vielen „Igeln" wird in einen Reifen ausgeleert. Die Erzieherin legt alle Igel in die Reifenmitte. Danach nimmt sie jeweils einen Igel, legt ihn an den Reifenrand und gibt ihm einen kleinen Stoß, so daß der Igelball anfängt zu rollen und schließlich bei einem Kind liegenbleibt. Dieses Kind nimmt ihn und steht auf.

Anmerkung: *Bei den Kleinen ist es sinnvoll, die Bälle gezielt dem einzelnen Kind durch den Reifen zuzurollen. Sonst kommt es vielleicht zu Streitereien darüber, wem der jeweilige Ball näher liegt. Für die Übung 12 kann sich die Erzieherin als Gedächtnisstütze die Reihenfolge auf einem Zettel notieren.*

6. Übung: Es folgt freies Spiel mit dem Igelball, bis die Erzieherin 3 Töne auf der Flöte spielt. Dies ist das Signal zum Aufhören. Dann macht jedes Kind seine Übung mit dem Ball vor, die anderen machen sie nach.

Anmerkung: *Bei dem freien Spielen sollte man, je nach Gruppe, Einschränkungen vorgeben, zum Beispiel darf der Igel nur gegen Wände, nicht in die Richtung von Personen geworfen werden. Auch sind auf Spiegel und Fenster zu achten.*

7. Übung: Jeweils 2 Kinder finden sich zusammen und probieren etwas mit beiden Bällen aus. Wieder sind 3 Töne mit der Flöte das Signal zum Stoppen.

Anmerkung: *Stehen Igelbälle in verschiedenen Farben zur Verfügung, können jeweils Paare mit roten, grünen … Igeln zusammengehen.*

8. Übung: Die Paare von Übung 7 bleiben noch zusammen. Jeweils ein Kind holt seine Decke und legt sich auf den Bauch, den Igelball legt es neben sich. Das andere Kind rollt mit seinem Igel den ganzen Körper des liegenden Kindes ab, wobei es an den Füßen beginnt. Der Igel möchte nämlich einen schönen Spaziergang über den ganzen Körper machen. Er spaziert über den Fuß, das Bein, den Po und Rücken, hinauf zur Hand, läuft über den Arm und über die Schulter zur anderen Körperseite. Von dort geht es wieder hinunter über Arm, Hand, Rücken und so fort. Das liegende Kind sagt, ob der Igel richtig rollt, ob er vielleicht fester oder leichter den Körper abrollen soll. Dann wird gewechselt. Danach legen sich beide Kinder auf die Decke und plazieren ihren Igel irgendwo unter, neben oder an sich, so daß sie seine „Stacheln" spüren. Jeder spürt bewußt dorthin, wo der Igel liegt, wo er dessen Stacheln spürt.

Anmerkung: *Bei dieser Übung sollten die Kinder selbst das Tempo bestimmen. Wird der Kopf miteinbezogen, müssen sie sehr vorsichtig sein, denn die Stacheln können sich schnell in den Haaren verfangen, und dann zieht es. Bei den Kleinen kann die Erzieherin die Kinder einzeln mit dem Igelball abrollen. Dabei erzählt sie eine kleine Geschichte, beispielsweise von Fritz, dem Igel, der auf der Suche nach seinen Freunden war und über viele Berge (die Körper der Kinder) gewandert ist. Durch das Erzählen der Geschichte wird es den zuschauenden Kindern nicht langweilig, und sie bleiben ruhig liegen, bis der Fritz über ihren „Berg" rollt.*

9. Übung: Einer der Partner steht auf, der andere bleibt auf der Decke liegen. Der Stehende nimmt in jede Hand einen Igelball. Derjenige, der auf der Decke liegt, spielt nun einen echten Igel, er krabbelt auf der Decke herum, schnuppert… Sobald der Partner ihn mit einem Igelball irgendwo am Körper berührt, rollt er sich blitzschnell zusammen, so klein er kann. Dann werden die Rollen getauscht.

Anmerkung: *Mit den Kleinen kann man zuvor kurz über das Verhalten der Igel sprechen. Wo lebt der Igel, wie verhält er sich bei Gefahr, was frißt er und so weiter.*

10. Übung: Die Decken werden weggeräumt. Dann stellen sich die Kinder in einer Reihe auf. Jedes hält seinen Igel in einer Hand. Wenn die Erzieherin mit der Flöte einen kurzen Ton spielt, rollt das erste seinen Igel gegen die Wand, und alle warten, bis er liegenbleibt. Wenn der Igel nicht mehr rollt, folgt der nächste Ton und so weiter. In der gleichen Reihenfolge werden die Igel anschließend wieder auf Flötenton geholt.

Anmerkung: *Bei den Kleinen kann man nicht voraussetzen, daß ihnen der Begriff „Reihe" vertraut ist. Man kann daher vor der Stunde eine Markierung mit Tesaband auf dem Boden anbringen. Ein Seil ist nicht so gut geeignet, denn es kann verrutschen, oder die Kinder können darüber stolpern.*

11. Übung: Wie Übung 10, nur spielt die Erzieherin die Flötentöne schneller hintereinander, so daß mehrere Igel gleichzeitig gerollt werden.
Das Holen der Igel erfolgt ebenfalls auf Flötenton in unterschiedlichen Abständen.

Anmerkung: *Diese Übung sollte man nur mit einer Gruppe machen, die schon Erfahrung in der Rhythmik hat. Die Kinder müssen hier recht schnell reagieren und außerdem den Überblick behalten, wem welcher Ball gehört.*

12. Übung: In der gleichen Reihenfolge, wie die Kinder bei Übung 5 die Igel erhalten haben, legt jedes seinen Igel wieder in den Reifen zurück.
Dann versammeln sich alle um den Reifen und singen das Schlußlied oder spielen das Schlußspiel (siehe Seite 13).

Anmerkung: *Hier wird der Zettel, auf dem sich die Erzieherin bei Übung 5 die Reihenfolge notiert hat, vielleicht hilfreich sein.*

Rolle, rolle, hin und her (Stunde 2)
Rhythmik mit Holzkugeln

Material: Reifen, große Murmel, Korb, Tuch zum Abdecken, Holzkugeln, Flöte, Holzpflöcke, Schlaghölzchen, Rasselbüchsen, Spanstäbchen

1. Übung: Begrüßung: In einem Reifen liegt eine große Glasmurmel. Der Reihe nach begrüßt jedes Kind mit der Murmel die ganze Gruppe. Die Kinder können wahlweise dazu sprechen oder schweigen, die Murmel kann im Reifen bleiben oder zu jedem Kind einzeln gebracht werden. Nach der Begrüßung rollt das jeweilige Kind die Murmel am inneren Reifenrand an, das nächste stoppt sie irgendwann und beginnt dann mit seiner Begrüßung.
Die Kleinen singen das Begrüßungslied (siehe Seite 11).

Anmerkung: *Die nähere Ausgestaltung kann ganz der Phantasie der Kinder überlassen bleiben. Manchmal kommt es vor, daß ein Kind niemanden begrüßen möchte. Auch das sollte akzeptiert werden.*

2. Übung: Die Erzieherin rollt die Murmel am Reifenrand an. Solange sich die Murmel bewegt, gehen alle kreuz und quer durch den Raum. Wenn die Murmel liegenbleibt, stellt sich die ganze Gruppe um den Reifen herum.

Anmerkung: *Wird die Übung mehrere Male durchgeführt, kann die Fortbewegungsart auch variiert werden: Die Kinder können leise schleichen oder laut trampeln, hüpfen, galoppieren und so weiter.*

3. Übung: Die Erzieherin stellt in die Reifenmitte einen abgedeckten Korb, in dem Holzkugeln verborgen liegen. Ein Kind nach dem anderen tastet nun über das Tuch und beschreibt, was es fühlt.

Anmerkung: *Wenn regelmäßig in die Rhythmikstunden solche Tastübungen eingebaut werden, können nach einiger Zeit auch die Kleinen schon recht gut beschreiben, was sich wie anfühlt.*

4. Übung: Das Tuch wird vom Korb heruntergenommen. Ein Kind beginnt, nimmt sich eine Kugel und nickt dann einem anderen Kind zu, das sich ebenfalls eine Kugel nimmt, und so fort. Dann folgt freies Spiel mit den Kugeln im Raum, bis die Erzieherin ein Signal mit der Flöte gibt.

Anmerkung: *Vor dem freien Spiel sollte besprochen werden, was man nicht mit der Holzkugel machen darf: werfen, sie gegen eine Person oder ein Hindernis rollen, sie auf den Boden fallen lassen.*
Hier einige Ideen für Bewegungen mit der Kugel:
– Mit Armen und Beinen wird eine Brücke gemacht, und die Kugel wird hindurchgerollt.
– Die Kugel wird wie ein Kreisel gedreht.
– Man sitzt, zieht die Knie an und rollt die Kugel um den ganzen Körper herum und unter den Knien hindurch.
– Man stupst die Kugel beim Gehen von einem Fuß zum anderen, ohne sie zu verlieren.
– Man kickt die Kugel an, rennt an ihr vorbei und stoppt sie mit dem Fuß.
– Man sitzt und stupst die Kugel von einem Fuß zum anderen.
– Man sitzt, streckt die Beine und rollt sich die Kugel hinauf bis zum Bauch. (Bei dieser Übung muß man den Kindern sagen, daß der Oberkörper nicht zu sehr nach hinten kippen darf. Sie bekommen die Kugel sonst ins Gesicht, oder sie fällt herunter.)

5. Übung: Jedes Kind macht nun seine Übung vor, alle anderen machen sie nach.

Anmerkung: –

6. Übung: Die Kinder nehmen ihre Holzkugel in die Hände und stellen sich in einer Reihe an einer Wand im Raum auf. Ein Kind beginnt und rollt seine Kugel bis zur gegenüberliegenden Wand. Es versucht, neben der Kugel herzugehen und sie dabei nicht zu überholen. Das Tempo der Kugel muß also eingehalten werden. Kurz vor der Wand läuft es vor die Kugel und stoppt sie mit der Hand oder dem Fuß ab.

Anmerkung: *Bei den Kleinen kann die Erzieherin gegebenenfalls das Anrollen der Kugel selbst übernehmen, so daß die Kinder nur noch neben der Kugel hergehen müssen.*

7. Übung: Nach Übung 6 stehen alle auf der anderen Seite des Raumes in einer Reihe.
Die Erzieherin bedeutet einem Kind zu beginnen. Sobald sie auf der Flöte einen kurzen Ton spielt, schubst das Kind seine Kugel leicht an, läßt sie rollen und geht nebenher. Bei jedem weiteren Ton schubst es erneut. Dabei muß es seine Kraft gut dosieren, damit die Kugel nicht davonrollt.

Anmerkung: *Mit der Flöte kann die Erzieherin gut auf jedes einzelne Kind und dessen Tempo eingehen. Bei manchen Kindern ist es vielleicht erforderlich, einige Male einen Flötenton zu spielen, bei anderen mögen nur ein oder zwei Töne für die gleiche Strecke genügen.*

8. Übung: 2 Kinder gehen jeweils zusammen. Ein Kind legt seine Kugel beiseite. Nun rollen sie sich gegenseitig die verbleibende Kugel zu und vergrößern den Abstand dabei immer mehr. Dies machen sie so lange, wie sie die Kugel noch treffsicher rollen können.

Anmerkung: –

9. Übung: Ein Kind holt einen Reifen, das andere hält die Holzkugel. Gemeinsam probieren sie etwas mit der Kugel im Reifen aus. Dann holen sie noch die zweite Kugel dazu und achten bei ihrem weiteren Spiel darauf, daß beide Kugeln nicht zusammenstoßen.

Anmerkung: *Bei unruhigen Kindern empfiehlt es sich, diese Übung nur mit einer Kugel durchzuführen.*

10. Übung: Ein Kind rollt eine Kugel im Reifen an, während die andere Kugel in der Reifenmitte liegt. Das zweite Kind geht so lange im Raum spazieren, bis die Kugel zum Stillstand kommt. Dann rollt das zweite Kind die Kugel an, und das erste geht im Raum spazieren.

Anmerkung: *Jedes Paar hat sein eigenes Tempo bei dieser Übung. Die Übung ist beendet, wenn jeder die Kugel einmal anrollen durfte und jeder zum Rollen der Kugel einmal durch den Raum gegangen ist.*

11. Übung: Die Paare sollen sich nun an ihrem Reifen eine Brücke bauen, unter der eine oder beide Kugeln hindurchrollen können. Als Materialien werden verwendet: Holzpflöcke, Schlaghölzchen, Rasselbüchsen, Spanstäbchen.
Wenn alle eine Brücke gebaut haben, betrachten sie die der anderen Paare.
Schließlich wird gemeinsam aufgeräumt, und alle singen das Schlußlied oder machen das Schlußspiel (siehe Seite 13).

Anmerkung: *Dieses Brückenbauen lieben alle Kinder, und sie haben die tollsten Ideen dabei! Man kann sogar eine ganze Stunde allein damit gestalten, falls sich die Kinder das wünschen.*

Barfuß durch den Sommer 1 (Stunde 3)
Unsere Füße können viel erleben!

Material: Stoffstücke (in DIN A4-Format geschnitten, jeweils 2 aus demselben Material, wie zum Beispiel Fell, Leder, Cord und ähnliches), Stoffbeutel, Karton, Farben, Scheren

1. Übung: Begrüßung: Die Kinder sind barfuß. Das erste Kind begrüßt mit einem oder beiden Füßen ein anderes Kind. Dann ist dieses Kind an der Reihe und begrüßt das nächste Kind und so weiter. Die Erzieherin begrüßt mit ihren Füßen alle Kinder der Reihe nach oder die ganze Gruppe zusammen.
Die Kleinen singen ihr Begrüßungslied (siehe Seite 11).

Anmerkung: –

Textbearbeitung: Pia Gmeiner
Melodie: trad.

1. Zeigt her eu - re Füß - chen, ob groß o - der klein, sie wol - len heut' fröh - li - che Tanz - fü - ße sein. Sie tan - zen, sie tan - zen, sie tan - zen den gan - zen Tag, sie tan - zen, sie tan - zen, sie tan - zen den gan - zen Tag.

2. Übung: Zu dem vorhergehenden Lied werden die Füße entsprechend bewegt. Die Kinder können Bewegungen in einem Kreis durchführen, oder sie gehen einzeln durch den Raum.

Anmerkung: *Das Lied eignet sich eher für kleinere Kinder.*

3. Übung: Die Kinder gehen frei durch den Raum und fühlen dabei bewußt in ihre Füße hinein. Was spüren die Füße? Wie fühlt sich der Boden an, ist die Oberfläche rauh oder glatt, warm oder kalt? Wie gehe ich? Gehen beide Füße gleich? Spüre ich beim Gehen meinen ganzen Fuß, oder gehe ich mehr auf den Zehenspitzen? Auch das Berühren der Füße eines Partners mit den eigenen Füßen ist ein Erlebnis!

Anmerkung: –

4. Übung: Immer 2 Kinder gehen zusammen. Gemeinsam probieren sie aus, was sie mit ihren Füßen alles machen können. Dann macht jeweils ein Paar eine Übung vor, und die anderen machen sie nach, bis jedes Paar einmal an der Reihe war.

Anmerkung: *Meist kennen die Kinder keine Berührungsängste und kommen auf die tollsten Ideen!*

5. Übung:	Ein Kind geht einen Weg durch den Raum, der Partner versucht, den gleichen Weg nachzugehen. Dann wird gewechselt. Anschließend bilden alle Kinder einen Kreis.
Anmerkung:	*Hier ist genaues Beobachten und Nachahmen gefragt. Es wird jedoch niemand kritisiert oder berichtigt, wenn sein Weg einmal etwas von dem Vorgegebenen abweicht.*
6. Übung:	Die Erzieherin gibt einen mit den Stoffstückchen gefüllten Stoffbeutel reihum. Der Reihe nach steckt jedes Kind seinen Fuß hinein. Was fühlt es?
Anmerkung:	*Der Stoffbeutel kann mit einer Kordel um den Fuß zugezogen werden, damit die Kinder den Inhalt nicht sehen können.*
7. Übung:	Der Inhalt des Beutels wird vor den Kindern auf den Boden geschüttet. Ein Kind nach dem anderen darf mit einem oder beiden Füßen die Stoffstücke abtasten, holt sich dann mit einem Fuß ein Stoffstück heraus, nimmt es mit und setzt sich in den Kreis.
Anmerkung:	*Das Festhalten des Stoffes nur mit den Zehen ist recht schwer, die Kleinen können daher ihre Hände zu Hilfe nehmen.*
8. Übung:	Es folgt freies Spiel mit dem Stoffstück im Gehen, Stehen, Sitzen. Die Füße spielen mit dem Stoff und probieren alles mögliche aus.
Anmerkung:	–

9. Übung: Die Kinder, die je ein Stoffstück aus dem gleichen Material haben, gehen zusammen. Ein Kind stellt sich mit je einem Fuß auf ein Stoffstück, das andere Kind zieht es an beiden Händen durch den Raum. Die Kinder müssen fest auf den Stoffstücken stehen, damit diese unterwegs nicht verlorengehen. Nach einiger Zeit wird gewechselt. Zum Schluß bleiben beide Kinder mit beiden Füßen auf ihrem jeweiligen Stoffstück stehen.

Anmerkung: *Die Paare gestalten diese Übung so ruhig oder wild, wie es ihnen angenehm ist. Wichtig ist jedoch, daß man besonders lebhafte Kinder darauf aufmerksam macht, daß nichts und niemand angestoßen werden darf.*

10. Übung: Entspannungsübung:

Steht mit einem Fuß auf dem Stoff, und hebt den anderen Fuß etwas vom Boden ab. Wie steht ihr jetzt? Wer das Gleichgewicht nicht mehr halten kann, stellt seinen Fuß wieder auf seinem Stoffstück ab. Macht das gleiche mit dem anderen Fuß. Jetzt schließt die Augen und steht bewußt mit beiden Füßen auf dem Stoff. Wie fühlt sich der Stoff an? Stehen beide Füße gleich auf dem Stoff? Spürt mit den Füßen durch den Stoff den Boden, der unter dem Stoff ist. Beide Füße spüren den Boden unter dem Stoff. Denkt einmal an eure Zehen. Spürt sie. Den großen Zeh, den mittleren, alle bis zum kleinen Zeh. Die ganze Fußsohle, die Ferse.
Neben euch steht euer Partner. Macht die Augen auf. Eure Füße begrüßen den Partner neben euch.

Anmerkung: *Das bewußte Spüren der Füße ist für die Kinder interessant, denn sie laufen nicht mehr so selbstverständlich im Sommer barfuß herum, wie das früher einmal der Fall war.*

11. Übung: Die Kinder legen ein Gebilde aus allen Stoffstücken. Ein Kind beginnt mit seinem Stück, dann legt das nächste Kind sein Stoffstück an und so weiter.

Anmerkung: *Bei den Kleinen kann man diese Übung auch weglassen, und die Stoffstücke werden weggeräumt.*

12. Übung: Jedes Kind bekommt ein Kartonstück. Es stellt sich mit beiden Füßen darauf. Die Erzieherin zeichnet beide Fußumrisse jedes Kindes auf dem Karton nach, oder die größeren Kinder zeichnen sie sich gegenseitig oder selbst auf. Die Fußpaare werden ausgeschnitten und, falls gewünscht, bemalt. Auf je eine Fußseite wird der Name des Kindes geschrieben. Die Großen schreiben ihn selbst.
Schließlich werden alle ausgeschnittenen Füße eingesammelt, damit sie in der nächsten Stunde wieder verwendet werden können. Alle versammeln sich zum Schlußspiel oder -lied (siehe Seite 13).

Anmerkung: –

Barfuß durch den Sommer 2 (Stunde 4)
Wir stampfen, schleichen und tanzen

Material: die Stoffstücke und Kartonfüße von Stunde 3, Decken, 1 cm breite und ca. 60 cm lange Stoffstreifen, Klammergerät, Kassette „Kinderträume aus Südamerika", Fidula Verlag, Tuch zum Abdecken, Tamburin, Igelball, ggf. Legematerial, Zeitung, Scheren, Klebstoff

1. Übung: Begrüßung: Die Kinder setzen sich in einen Kreis. Alle sind barfuß. Sie stützen sich mit den Händen auf dem Boden ab und berühren sich gegenseitig mit den Füßen, wobei diese dabei einige Zentimeter vom Boden entfernt sind. Dann singen sie folgendes Lied und machen die Bewegungen mit:

Textbearbeitung: Pia Gmeiner
Melodie: Rolf Krenzer
Melodie aus: „Ein Strumpf gehört an jedes Bein",
© Verlag Ernst Kaufmann, Lahr

1. Fü - ße - tip - pen, Fü - ße - tip - pen ist ne' schö - ne
Fü - ße - tip - pen, Fü - ße - tip - pen ist ne' schö - ne

Kunst.   Kunst.   Ich tip - pe mit dem rech - ten Fuß, ich

tip - pe mit dem lin - ken Fuß, dem rech - ten Fuß, dem

lin - ken Fuß und dann mit al - len bei - den.

Die Kleinen singen ihr Begrüßungslied (siehe Seite 11).

Anmerkung: –

2. Übung: Die Erzieherin spielt auf dem Fell des Tamburins und variiert dabei das Tempo. Die Kinder sind Elefanten, sie stampfen mit dem ganzen Fuß laut und schwer, schneller und langsamer auf dem Boden auf. Hört die Musik auf, bleiben alle Elefanten stehen.

Anmerkung: *Die Kinder haben meist ganz unterschiedliche Ideen, wie sie einen Elefanten darstellen möchten. Sie bilden beispielsweise mit den Armen einen Rüssel und vieles mehr.*

3. Übung: Die Erzieherin spielt auf dem Rand des Tamburins, und alle gehen auf den Zehenspitzen als Störche durch den Raum. Wer möchte, kann mit den Armen den Schnabel des Storches nachahmen. Wenn die Musik stoppt, bleiben alle Störche stehen.

Anmerkung: *Statt des Storches kann man natürlich auch ein anderes Tier nehmen, das sich leise fortbewegt. In jedem Fall sollte es einen Gegensatz zu dem schweren, lauten Elefanten bilden.*

4. Übung: Die Erzieherin spielt abwechselnd auf dem Fell und auf dem Rand des Tamburins. Die Kinder sollen entsprechend gehen, entweder als Elefant oder als Storch.

Anmerkung: –

5. Übung: Die Kinder werden singend aufgefordert, einen Kreis zu bilden (siehe Seite 12).
Unter einem Tuch verdeckt liegen die Kartonfüße der letzten Stunde mit der Seite zum Boden, auf der der Name des jeweiligen Kindes steht. Die Erzieherin flüstert den Namen eines Kindes und klopft mit dem Fuß den Takt dazu. Das Kind sucht seine beiden Füße und nimmt sie mit zu seinem Platz.

Anmerkung: –

6. Übung: Es folgt freies Spiel mit den Kartonfüßen. Sobald das Tamburin einmal geschlagen wird, hören die Kinder auf. Dann werden beide Füße auf dem Boden nebeneinander abgelegt.

Anmerkung: *Wenn die Kinder Lust haben, kann noch jedes Kind seine Idee vormachen, und die Gruppe macht sie nach.*

7. Übung: Die Erzieherin singt ein bekanntes Sommerlied (zum Beispiel „Trarira! Der Sommer, der ist da!"). Die Kinder gehen dazu um alle Kartonfüße herum. Wenn das Lied beendet ist, stellt sich jedes auf seine Füße, ohne daß diese sich verschieben.

Anmerkung: *Für größere Kinder kann man diese Übung schwieriger gestalten, indem man sie auffordert, schon kurz bevor das Lied verklungen ist, auf ihren Füßen zu stehen. Dann sollte man das Lied aber zunächst mindestens einmal vorsingen, damit die Kinder die Länge abschätzen können.*

8. Übung: Alle Kartonfüße werden in nicht zu großem Abstand voneinander zu einem Weg gelegt. Dann stellen sich alle hintereinander auf, und ein Kind nach dem anderen geht den Weg auf den Kartonfüßen, ohne diese zu verschieben.

Anmerkung: *Bei dieser Übung müssen die Kinder ihre Füße ganz abrollen, damit sie die Kartonfüße nicht verschieben und diese nicht an ihren Füßen kleben bleiben.*

9. Übung: Jedes Kind holt seine Decke und legt sich mit dem Bauch oder dem Rücken darauf. Die Erzieherin beginnt langsam und deutlich zu sprechen:

Spürt einmal ganz bewußt euren rechten Fuß. Wie liegt er auf der Decke, wo berührt er die Decke? Spürt jeden einzelnen Zeh. Nun machen wir das gleiche mit dem linken Fuß. Wo berührt der Fuß die Decke? Spürt jeden einzelnen Zeh. Liegen beide Füße gleich auf der Decke auf, oder spürt ihr einen Fuß stärker als den anderen? Wenn ja, welchen?

Die Erzieherin rollt mit einem Igelball jeden einzelnen Fuß ab.

Derjenige von euch, bei dem der Igel Fritz beide Füße abgerollt hat, stellt sich mit beiden Füßen auf seine Decke. Dort bleibt er stehen, bis alle aufgestanden sind.

Anmerkung: *Das Abrollen der Füße mit dem Igelball ist ein gutes Mittel, die Kinder aus ihrer Entspannung zurückzuholen. Der Ball kitzelt nämlich an den Fußsohlen, und meist fangen die Kinder an zu lachen.*

10. Übung: Die Decken werden weggeräumt. Dann wird eine der folgenden Übungen durchgeführt:
1. Die Kartonfüße liegen noch wie in Übung 8. Die Kinder gehen frei durch den Raum und bleiben schließlich irgendwo stehen. Diese Stelle merken sie sich und legen mit verschiedenen Legematerialien einen Weg von dort zu ihren Kartonfüßen.
2. Der Reihe nach holt sich jedes Kind seine beiden Kartonfüße, eine Zeitung, eine Schere und Klebstoff. Die Erzieherin legt Stoffstreifen in die Mitte, und jedes Kind holt sich noch 2 Streifen. Es schneidet sie in der Mitte auseinander und klebt an einen Fuß je 2 Streifen. Gegebenenfalls kann die Erzieherin die Streifen noch anklammern, damit sie besser halten. Die Kinder können nun ihre Kartonfüße wie Schuhe anziehen und die Stoffstreifen wie Schnürsenkel verwenden.
3. Die Stoffstücke aus der 3. Stunde, Scheren und Klebstoff werden in die Mitte gelegt. Jedes Kind holt seine beiden Kartonfüße und beklebt diese mit Stoff. Dabei kann es gleichen oder unterschiedlichen Stoff wählen.

Anmerkung: –

11. Übung: Die Stunde kann mit dem „Füßchentanz" von der Kassette „Kinder-
tänze aus Südamerika" (Fidula-Verlag) ausklingen. Dabei werden die
im Text beschriebenen Bewegungen entsprechend mitgemacht.

Anmerkung: *Wenn die Kinder möchten, können sie bei dem Tanz ihre Kartonfüße*
anbehalten.

12. Übung: Alle versammeln sich zum Schlußlied oder -spiel (siehe Seite 13).

Anmerkung: –

Schiff ahoi! (Stunde 5)
Seeräuber und Matrosen sind wir

Material:
Luftmatratzen, Sonnenbrille, Taucherbrille, Taucherflossen, Schwammtiere, Wasserball, Zeitungen, Kassettenrekorder, Kassette mit meditativer Musik, Decken

1. Übung:
Begrüßung: Auf einer Luftmatratze liegen verschiedene Utensilien wie Sonnenbrille, Wasserball, Taucherflossen, Taucherbrille und Schwammtiere.
Der Reihe nach holen sich die Kinder etwas von der Luftmatratze. Jedes einzelne Kind begrüßt damit die Gruppe, dann legt es das Utensil wieder auf die Luftmatratze zurück, und das nächste Kind ist an der Reihe.
Die Kleinen singen ihr Begrüßungslied (siehe Seite 11).

Anmerkung:
–

2. Übung:
Im Raum liegen Zeitungsblätter verteilt. Pro Kind steht ein Blatt zur Verfügung.
Die Erzieherin singt ein thematisch passendes Lied (zum Beispiel „Paule Puhmanns Paddelboot"; siehe Seite 71). Die Kinder gehen dazu um alle Zeitungen herum. An unterschiedlichen Stellen des Liedes bricht das Lied ab, und die Kinder stellen sich auf ein Zeitungsblatt. Dabei sollen sie mit beiden Füßen auf dem Blatt stehen und den Boden nicht berühren. Beginnt die Erzieherin wieder zu singen, gehen sie weiter. Die Kinder können sich während der Übung immer wieder auf ein anderes Blatt stellen, allein oder mit einem oder mehreren Partnern. Wichtig ist nur, daß beide Füße auf dem Zeitungsblatt stehen.

Anmerkung:
Für die Kleinen können die einzelnen Zeitungsbögen auseinandergefaltet werden, für die Großen kann man die Übungen schwieriger gestalten, indem man die Bögen kleiner beläßt.

3. Übung:
Die Erzieherin singt eine weitere Strophe des Liedes, und an deren Ende soll jedes Kind für sich allein auf einem Zeitungsblatt stehen. Dieses behält es dann für die ganze Stunde.

Anmerkung:
–

4. Übung: Jedes Kind geht ganz nach Belieben um alle Blätter herum. Ruft die
                  Erzieherin „Po", setzt sich jedes auf sein Blatt. Die Kinder gehen wei-
                  ter, wenn einmal in die Hände geklatscht wird. Als nächstes ruft die
                  Erzieherin „Nase", dann folgen „Bauch", „Hände", „Ohr", „Rücken"
                  und so weiter. Jedesmal soll nur der jeweils genannte Körperteil das
                  Blatt berühren.

Anmerkung: *Diese Übung machte allen Kindern, großen wie kleinen, sehr viel
                  Spaß. Bei den Größeren kann man bei Armen, Händen und so
                  weiter noch in rechts und links unterteilen, um die Übung etwas zu
                  erschweren.*

5. Übung: Nun wird frei ausprobiert, was man mit einem Zeitungsbogen alles machen kann. Allerdings soll er dabei nicht zerreißen.

Anmerkung: –

6. Übung: Ein Kind nach dem anderen macht eine Übung mit dem Blatt vor, und alle machen diese Übung nach.

Anmerkung: –

7. Übung: Das erste Kind legt sein zusammen- oder auseinandergefaltetes Blatt irgendwo im Raum auf den Boden. Das nächste Kind legt sein Blatt an das schon liegende Blatt an und so weiter, bis alle an der Reihe waren. Wer sein Blatt abgelegt hat, stellt sich irgendwo im Raum auf und wartet, bis alle fertig sind. Alle merken sich gut, wo das eigene Blatt liegt.

Anmerkung: –

8. Übung: Die Kinder schließen die Augen. Die Erzieherin geht herum und berührt jeweils ein Kind mit ihrem Blatt. Dieses Kind öffnet nun die Augen, schleicht sich leise zu seinem Blatt und stellt sich darauf. Hört eines der anderen Kinder dabei ein Geräusch, ruft es „Stop", und das schleichende Kind muß sofort stehenbleiben. Dies geht so lange, bis alle Kinder auf ihren Blättern stehen.

Anmerkung: *Diese Übung ist etwas zeitaufwendiger.*
Kleinere Kinder sollten wiederholt darauf aufmerksam gemacht werden, daß sie nicht blinzeln dürfen.

9. Übung: Alle falten sich aus ihrem Blatt einen Matrosen- oder Seeräuberhut. Dazu wird der Bogen quer in der Mitte gefaltet. Die geschlossene Seite liegt oben. Jetzt werden die linke und die rechte obere Ecke bis zur Blattmitte umgeknickt. Die beiden unteren Papierstreifen werden nachgeklappt, und die überstehenden Kanten faltet man jeweils nach innen. Fertig ist ein toller Matrosenhut! Will ein Kind lieber ein Seeräuber sein, wird die Hutspitze noch umgeklappt.

Anmerkung: *Die Erzieherin kann die Hutenden zusätzlich noch klammern, damit der Hut stabiler wird.*

10. Übung: Entspannungsübung:
Jedes Kind legt seinen Hut auf seinen Stuhl, holt seine Decke und legt sich auf den Bauch oder Rücken.
Die Erzieherin spielt leise Musik ein. Sie streicht mit ihrem Blatt über jeweils ein Kind, dann faltet sie den Bogen ganz auf und fährt damit von den Füßen über den ganzen Körper bis hin zum Kopf und wieder zurück. Die Kinder spüren dorthin, wo sie das Blatt berührt, hören auf Geräusche, die das Blatt macht.

Anmerkung: –

11. Übung: Während die Kinder die Decken wegräumen und ihre Hüte holen, verteilt die Erzieherin Luftmatratzen im Raum. Für je 2–3 Kinder sollte eine Matratze zur Verfügung stehen. Dann wird noch ein großer Stapel Zeitungsblätter in die Mitte des Raumes gelegt.
Die Kinder setzen sich zu zweit oder zu dritt auf die Matratzen, ihre Hüte haben sie auf dem Kopf.
Zu folgendem Spruch gehen sie durch den Raum und imitieren dabei Seeräuber und Matrosen, die übers weite Meer schwimmen:

Ich hab' gefischt,
ich hab' gefischt
und hab' einen Seeräuber oder Matrosen erwischt.

Bei dem Wort „erwischt" versucht die Erzieherin, eines oder mehrere Kinder zu berühren. Diese versuchen, zu ihren Luftmatratzen zu laufen, also zu ihren „Schiffen" zu „schwimmen". Wer erwischt wurde, legt aus den Zeitungsblättern „Inseln" in den Raum und baut „Seestraßen". Diese dürfen von den Seeräubern und Matrosen ebenfalls zur „Rettung" benutzt werden.
Auch wer bei diesem Spiel seinen Hut verliert, gehört zu den „Erwischten" und baut Inseln und Straßen.
Zum Schluß wird aufgeräumt.

Anmerkung: *Statt der Luftmatratzen kann man auch Matten oder große Kartonstücke nehmen, je nachdem, was gerade zur Verfügung steht.*
Für die Kleinen ist diese Übung vielleicht etwas zu schwierig. Sie können statt dessen nur Seestraßen von Schiff zu Schiff legen, auf denen sie dann herumgehen und sich gegenseitig besuchen.

12. Übung: Zum Ausklang tanzen alle zu folgendem Lied. Bei „Guten Tag" nehmen alle ihren Hut ab und machen eine kleine Verbeugung, bei „auf Wiedersehn" winken alle mit dem Hut. Dann wird dieser wieder aufgesetzt, und alle gehen durch den Raum.

Text und Melodie: Fredrik Vahle,
© AKTIVE MUSIK
Verlagsgesellschaft mbH, Dortmund

1. In Pau - le Puh - manns Pad - del - boot, da
pad - deln wir auf See. Wir pad - deln um die
hal - be Welt.___ A - lo - ha - ho - ha - hee!
Gu - ten Tag, auf Wie - der - sehn! Gu - ten Tag, auf Wie - der - sehn!

Anmerkung: —

13. Übung: Die Kleinen singen das Schlußlied, die Großen spielen das Schlußspiel (siehe Seite 13).

Anmerkung: —

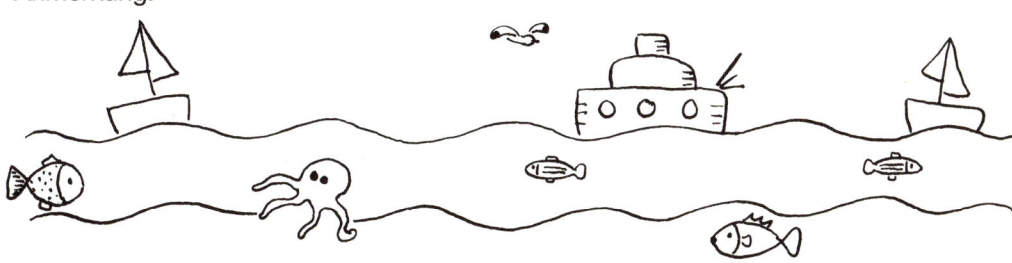

Ein großer See mit vielen Fischen (Stunde 6)
Spiel und Spaß mit Wasser

Material: Planschbecken, Wasserball, Gummiente, Taucherflossen, blaue Seile, Kärtchen mit aufgezeichneten Fischen, 2 Stoffsäckchen, rote und blaue Schwämme in Fischform, blaues Tuch, Tuch zum Abdecken, 2 Sandeimer (blau und rot), Stock, Blätter, Kassette „Regenbogenfisch" von Detlev Jöcker und Marcus Pfister, Menschenkinder Verlag, Kassettenrekorder.

1. Übung: Begrüßung: Alle sitzen im Freien auf dem Rasen, die Kinder tragen Badesachen. Jedes Kind sucht sich etwas (einen Stein, ein Blatt, einen Ast), mit dem es seinen Platz markiert. Auf dem Rasen steht ein kleines Planschbecken, das mit Wasser gefüllt ist. Neben dem Planschbecken liegen ein Wasserball, eine Gummiente und Taucherflossen, die die Kinder zur Begrüßung verwenden können. Ein Kind nach dem anderen geht zu dem Planschbecken und begrüßt dort die ganze Gruppe.

Anmerkung: –

2. Übung: Jedes Kind sitzt an seinem Platz. Die Erzieherin erzählt, daß heute alle zu einem großen See schwimmen gehen wollen. Ein Kind nach dem anderen holt sich ein blaues Seil, und die Erzieherin zeigt ihm, wo es das Seil ablegen kann. Das nächste Kind legt sein Seil an und so weiter, bis alle einen großen See gelegt haben.

Anmerkung: –

3. Übung: Außerhalb des Sees hat die Erzieherin im Hof Kärtchen mit aufgezeichneten Fischen versteckt. Sobald sie einen Wasserball ins Planschbecken wirft, sucht sich jedes Kind ein Kärtchen und bringt es zu seinem Platz. Es gibt jeweils 2 Kärtchen mit der gleichen Fischsorte.

Anmerkung: –

4. Übung: Jedes Kind soll sich nun merken, was für ein Fisch auf seinem Kärtchen ist. Es zeigt sein Kärtchen und sagt, wie der Fisch heißt. Kennt das Kind den Fisch nicht, so hilft die Gruppe.

Alle Fische (die Kinder) schwimmen innerhalb der blauen Seile im See.
Sie können langsam oder schnell schwimmen. Die Erzieherin singt ein
Lied dazu:

Text: Pia Gmeiner
Melodie: trad.

Wenn wir schwim-men in dem See, Blau - wal, Hai, Fo -
schwim-men wir mal lang - sam, schnell o - der auf der

rel - le, E - ri, pe - ri, Hai - e hört gut zu, ins
Stel - le.

Was - ser, ins Was - ser schwimmt jetzt im Nu.

Die Fische, die in dem Lied vorkommen, stehen am Ende mit den
Flossen (Füßen) im Planschbecken. Das Lied wird so oft mit jeweils
wechselnden Fischen gesungen, bis alle Fischkinder im Wasser stehen.

Anmerkung: –

5. Übung: Die Erzieherin holt ein zugebundenes Stoffsäckchen, in dem sich ein Fischschwamm befindet. Der Reihe nach tastet jedes Kind das Säckchen ab und beschreibt, was es fühlt. Die Erzieherin öffnet das Säckchen und läßt den Fischschwamm reihum gehen, das letzte Kind darf ihn ins Wasser fallen lassen. Das erste Kind holt ihn heraus: Wie fühlt er sich jetzt an? Der nasse Fisch wird wieder reihum gegeben.

Anmerkung: *Die Erzieherin sollte ein zweites Säckchen bereithalten, falls eines mal ins Wasser fällt.*

6. Übung: Wer den nassen Schwamm schon in der Hand hatte, geht aus dem Becken heraus. Auf einem blauen Tuch liegen weitere Schwämme in Fischform. Sie sind mit einem zweiten Tuch abgedeckt. Die Kinder werden singend in den Kreis gebeten. Alle sitzen um das Tuch herum, die Erzieherin nimmt es weg. Sie nennt jetzt den Namen eines Fisches. Die 2 Kinder, die diesen Fisch als Kärtchen unter ihrem Stuhl haben, holen sich einen Fischschwamm und halten ihn fest.

Anmerkung: –

7. Übung: Nun folgt freies Spiel mit den Schwammfischen, bis die Erzieherin einmal laut ins Wasser des Planschbeckens patscht. Was kann man mit den Schwämmen machen, wie kann man sie tragen?

Anmerkung: –

8. Übung: Nach den Farben der Fische (rot und blau) bilden die Kinder 2 Gruppen. Sie überlegen, was man mit vielen Fischen zusammen machen kann. Jede Gruppe führt anschließend etwas vor.

Anmerkung: –

9. Übung: Die Erzieherin schlägt mit einem Stein oder einem Stock auf einen Sandeimer. Pro Schlag darf immer ein Kind seinen Fisch ins Planschbecken werfen. Es beobachtet ihn gut, damit es ihn später wiederfindet.

Anmerkung: *Bei den Kleinen sollte man bei jedem Schlag den Namen des Kindes dazusagen, das nun an der Reihe ist.*

10. Übung: Im Hof stehen 2 Sandeimer, ein roter und ein blauer. Die Erzieherin läßt ein Blatt von einem Baum zu Boden segeln. Ein Kind holt seinen Fisch aus dem Becken, geht zu dem Eimer, der die gleiche Farbe hat wie der Fisch, und drückt das Wasser aus dem Fisch heraus. Die Erzieherin läßt für jedes Kind ein Blatt segeln.

Anmerkung: *Auch hier sollten die Namen der Kinder dazugesagt werden.*

11. Übung: Zum Ausklang der Stunde wird mit den Fischen zur Melodie „Fischetango" vom Regenbogenfisch getanzt. Dazu stellen sich alle ins Planschbecken. Bei dem schnelleren Teil des Liedes stampfen alle mit den Füßen fest im Wasser, bei dem langsamen Teil lassen alle im Takt ihre Fischschwämmchen in der Luft schwimmen.

Anmerkung: –

12. Übung: Alle versammeln sich zum Schlußlied oder -spiel (siehe Seite 13).

Anmerkung: –

Herbst

Kartoffelfest und Erntetanz (Stunde 1)
Unter der Erde tut sich was

Material: Glockenspiele, Glockenkränze, Klanghölzchen, Rasselbüchsen, Holz-kiste, Tücher zum Abdecken, Erde, Kartoffeln, Lampe mit Teelicht, Streichhölzer, Decken, Kassettenrekorder, Kassette mit meditativer Musik

1. Übung: Begrüßung: Unter einem Tuch liegen jeweils mindestens 2 der folgen-den Instrumente: Glockenspiele mit den Tönen a und fis, Glocken-kränze, Klanghölzchen und Rasselbüchsen. Pro Kind sollte ein Instru-ment zur Verfügung stehen.

Das erste Kind holt sich ein Instrument, begrüßt damit ein anderes Kind und stellt diesem das Instrument unter den Stuhl. Sobald das erste Kind wieder sitzt, kommt das nächste Kind an die Reihe.

Die Kleinen singen ihr Begrüßungslied (siehe Seite 11).

Anmerkung: *Manchen Kindern fällt es sehr schwer, das Instrument wieder abzuge-ben. In dem Fall dürfen sie das Instrument, mit dem sie ein Kind begrüßt haben, unter ihren eigenen Stuhl legen.*

2. Übung: Die Erzieherin spricht den folgenden Reim, und die Kinder machen im Takt die angegebenen Bewegungen dazu:

Trippel, trappel, trippel, trapp,	stampfen mit den Füßen
Kinder geh'n den Berg hinab.	mit den Händen auf die Schen-kel patschen
Immer munter, Schritt für Schritt,	in die Hände klatschen
und die Hölzchen klopfen mit.	mit den Fingerknöcheln auf die Stühle klopfen

Anmerkung: –

3. Übung: Nun wird der Reim mit Instrumenten wieder möglichst im Takt beglei-tet. Dazu holt jedes Kind sein Instrument unter seinem Stuhl hervor.

Trippel, trappel, trippel, trapp,	Glockenspiele spielen die Töne a und fis im Wechsel
Kinder geh'n den Berg hinab.	Glockenkränze
Immer munter, Schritt für Schritt,	Rasselbüchsen
und die Hölzchen klopfen mit.	Klanghölzchen

Anmerkung: *Diese Übung eignet sich eher für größere Kinder.*

4. Übung: Wiederum spricht die Erzieherin den Reim, und die Kinder gehen entsprechend durch den Raum. Die Erzieherin spielt mit dem Glockenspiel dazu. Am Ende einer Zeile bleiben alle kurz stehen.

Anmerkung: *Wieder sollen sich die Kinder möglichst im Takt bewegen, also zum Beispiel auch, wenn sie in die Hocke gehen. Wenn die Kinder möchten, können sie auch nach jeder Zeile ihre Gangart verändern.*

5. Übung: Die Erzieherin bittet alle singend in den Kreis (siehe Seite 12):

Alle Käfer krabbeln her zu mir,
alle Bienen summen zum Platz,
alle Mäuse krabbeln her zu mir,
macht einen Kreis.

Dann stellt sie eine abgedeckte Holzkiste in die Kreismitte. Die Kiste ist mit Erde gefüllt, auf der wiederum Kartoffeln liegen. Pro Kind steht eine Kartoffel zur Verfügung. Die Erzieherin zeigt auf ein Kind, das nun vorsichtig unter das Tuch faßt und sagt, was es fühlt, ohne zu verraten, was es ist.

Anmerkung: *Oftmals ist es für die Kinder eine ganz eigenartige Erfahrung, „blind" in die Erde zu fassen. Manche Kinder reagieren sogar sehr heftig darauf, weil ihre Finger dabei schmutzig werden.*
Bei den Kleineren kann es immer wieder passieren, daß sie gleich verraten, was unter dem Tuch liegt. Die Erzieherin sollte das dann weder bestätigen noch verneinen, um den anderen Kindern nicht die Spannung zu nehmen.

6. Übung: Wenn alle getastet haben, sagen die Kinder, was sich ihrer Meinung nach in der Kiste befindet. Dann wird das Geheimnis gelüftet und das Tuch weggenommen. Nun wird kurz über Kartoffeln gesprochen: wie sie gepflanzt werden und wo sie wachsen, wann man sie erntet und was man mit ihnen machen kann.

Anmerkung: –

7. Übung: Die Erzieherin nimmt eine Kartoffel nach der anderen aus der Kiste und gibt sie reihum in den Kreis. Dazu spricht oder singt sie:

Gib's weiter, gib's weiter,
im Takt, zwei, drei, vier.
Gib's weiter, gib's weiter,
dann kommt es zu dir.

Der Reim wird so lange gesprochen oder gesungen, bis jedes Kind eine Kartoffel vor sich liegen hat.

Anmerkung: –

8. Übung: Wenn die Erzieherin ihre Kartoffel hochhält, darf jedes Kind alles mögliche mit seiner Kartoffel ausprobieren. Dabei soll diese allerdings nicht beschädigt werden. Sobald die Erzieherin die Kartoffel wieder herunternimmt, beenden die Kinder ihr freies Spiel.

Anmerkung: –

9. Übung: Die Kinder legen aus allen Kartoffeln eine einzige große Kartoffel. Diese Kartoffel kann innen hohl oder gefüllt mit kleinen Kartoffeln sein. In die Mitte der großen Kartoffel stellt die Erzieherin eine Lampe und zündet das Teelicht an. Wenn es eine „gefüllte" Kartoffel ist, stellt sie die Lampe auf die kleinen Kartoffeln.

Anmerkung: –

10. Übung: Die Kinder holen ihre Decken und verteilen sie in der Nähe der Lampe. Die Erzieherin stellt leise Musik an und sagt:

Stellt euch ganz mit den Füßen auf eure Decke. Fühlt ihr eure Decke? Wo fühlt ihr sie, an der ganzen Fußsohle oder nur an einem Teil? Fühlt sie sich warm an oder kalt, weich oder hart? Eure Arme und Hände wachsen nun ganz langsam nach oben. Sie strecken sich, als ob sie zur Zimmerdecke hochwachsen wollten. Wenn ich einen Ton auf dem Glockenspiel spiele, sinken eine Hand und ein Arm langsam nach unten. Die Hand zeigt zum Boden. Wenn ich wieder einen Ton spiele, sinken die andere Hand und der andere Arm nach unten. Der Kopf bleibt gerade.

Die Erzieherin spielt auf dem Glockenspiel.

Ich spiele wieder einen Ton, jetzt sinkt euer Kopf langsam nach unten, das Kinn zeigt Richtung Brustkorb. Bei jedem Ton, den ich spiele, sinkt ihr ein Stück in euch zusammen, werdet ihr kleiner. Ihr geht langsam in die Knie, stellt euch vor, ihr seid ein Schneemann, der langsam schmilzt, er sinkt immer mehr in sich zusammen.

Die Erzieherin spielt langsam einzelne Töne auf dem Glockenspiel, bis auch das letzte Kind ganz klein geworden ist und „zusammengeschmolzen" auf seiner Decke liegt.

Fühlt einmal, wo euer Körper jetzt die Decke berührt. Alles ist ganz schwer und müde und ruht sich aus. Wenn ich auf dem Glockenspiel einen lauten Ton spiele, dann wacht ihr auf, reckt und streckt euch und wachst, bis ihr wieder groß seid und auf der Decke steht.

Mit einem lauten Ton werden die Kinder aus ihrer Entspannung zurückgeholt.

Anmerkung: –

11. Übung: Die Kinder räumen ihre Decken weg, holen sich ihre Kartoffeln und stellen sich im Kreis um die Lampe. Alle tanzen nun frei den Ernte-tanz, ohne sich an den Händen zu fassen.

Text: Rolf Krenzer
Melodie: Ludger Edelkötter
aus: Wir feiern heut' ein Fest (IMP 1022)
Weil du mich so magst (IMP 1036)
Alle Rechte Impulse Musikverlag Ludger Edelkötter,
48317 Drensteinfurt.

1. Tan - zen wir den Ern - te - tanz, wol - len wir uns
Was wir al - les ern - ten durften, soll ein je - der

dre - hen. Dank für die Ern - te,
se - hen. Dank für die Ga - ben,
daß wir zu es - sen

was zu es - sen ha - ben. Tan - zen wir den
Was wir al - les

Ern - te - tanz, dreh'n wir uns im Rei - gen.
ern - ten durften, wol - len wir euch zei - gen.

Tanzen wir den Erntetanz,	langsam zur Lampe hingehen
wollen wir uns drehen.	im Kreis auf der Stelle drehen
Was wir alles ernten durften,	rückwärts gehen und
soll ein jeder sehen.	die Kartoffel nach oben halten
Dank für die Ernte...	die Kartoffel in beiden Händen halten und hin und her schwingen

Anmerkung: –

12. Übung: Die Kleinen singen ihr Schlußlied, die Großen spielen das Schlußspiel (siehe Seite 13).

Anmerkung: *Jedes Kind nimmt seine Kartoffel mit nach Hause. Dort wird sie im Keller gelagert und im Frühjahr in den Boden eingepflanzt. Man kann dann schön beobachten, wie eine Kartoffelpflanze heranwächst, und wenn man Glück hat, kann man im Sommer ein paar eigene Kartoffeln ernten.*

Groß und Klein sind dabei (Stunde 2)
Wir patschen fröhlich durch den Novembermatsch

Material: ein großer und ein kleiner Gummistiefel, Glockenspiel, Tamburin, Gong, Seile, Legematerial

1. Übung: Begrüßung: Die Kinder sitzen im Stuhlhalbkreis. Vor ihnen stehen 2 sehr unterschiedliche Gummistiefel, ein sehr großer (Gr. 45) und ein kleiner Kindergummistiefel (Gr. 20). Das erste Kind wählt einen der beiden Stiefel. Die Erzieherin begrüßt es, indem sie im Takt mit dem gewählten Stiefel klopft und dazu beispielsweise spricht: „Guten Tag, Lena!"
Dies wiederholt sich, bis jedes Kind begrüßt wurde.
Die Kleinen singen ihr Begrüßungslied (siehe Seite 11).

Anmerkung: *Zu dieser Stunde hat jedes Kind seine Gummistiefel mitgebracht, die es unter seinem Stuhl abgestellt hat.*

2. Übung: Die Stiefel werden reihum weitergegeben. Wir sprechen über das Aussehen der Schuhe, über ihre Farbe, ihre Form, über die Art und Weise, wie sie sich anfühlen... Welche anderen Dinge oder Tiere kennen die Kinder noch, die groß oder klein sind?

Anmerkung: –

3. Übung: Die Erzieherin stellt den kleinen Gummistiefel in die Mitte des Raumes; dann spielt sie auf dem Glockenspiel. Die Kinder bewegen sich wie Zwerge zu dieser Musik durch den Raum. Bricht die Musik ab, bleiben sie sofort stehen.

Anmerkung: –

4. Übung: Reim:

Trippel, tripp und trippel, trapp,
Zwerge gehn den Berg hinab,
bei dem lauten Klatsch,
da fall'n sie in den Matsch.

Die Erzieherin spricht den Reim betont rhythmisch, die Kinder bewegen sich entsprechend dazu. Ist der Reim zu Ende, klatscht die Erzieherin in die Hände, und die Kinder purzeln auf den Boden.

Anmerkung: *Jedes Kind entscheidet selbst, ob es nach dem „Klatsch" oder nach dem Wort „Matsch" in die Hände klatscht. Die anderen Kinder und die Erzieherin werfen sich dann auf den Boden.*

5. Übung: Die Erzieherin spricht den Reim weiter:

Rappeln schnell sich wieder auf,
machen einen kurzen Lauf,
bleiben alle stehn,
wenn ich zähl' bis 10.
1, 2, ...

Anmerkung: *Die Erzieherin braucht keine weiteren Erklärungen abzugeben, denn aus dem Reim geht für die Kinder hervor, was sie machen sollen.*

6. Übung: Die Erzieherin stellt den großen Gummistiefel in die Raummitte und den kleinen beiseite.
Sie fragt die Kinder, welche Bilder oder Bezeichnungen zu dem großen Stiefel passen würden, z. B. die Begriffe „Elefant" oder „Riese"...
Die Kinder gehen zum Tamburinspiel der Erzieherin durch den Raum und bewegen sich entsprechend. Sobald sie aufhört zu spielen, bleiben alle stehen.

Anmerkung: *Die Kinder bewegen sich genau wie das Wesen, das sie genannt haben.*

7. Übung: Reim:

Tripp, trapp, trumm,
die Riesen gehn herum,
trampeln schwer im Matsch herum,
und bei 3, da fall'n sie um.
1, 2, 3.

Anmerkung: *Nach dem Reim bleiben die Kinder kurz auf dem Boden liegen, bis die Erzieherin weiterspricht.*

8. Übung: Riesen sind nun müd und schwer,
holen ihre Decken her,
legen sich bequem darauf,
ertönt ein Gong, dann wachen sie auf.

Die Kinder liegen auf ihren Decken. Die Erzieherin bittet sie, die Augen zu schließen und ruhig liegenzubleiben. Sie erzählt ihnen eine kleine Geschichte von Zwergen und Riesen, die einen Schatz suchen und dabei viele Hindernisse (z. B. tiefe Gräben aus Schlamm und Matsch...) überwinden müssen. Während sie die Geschichte erzählt, stellt sie jedem Kind seine Gummistiefel auf ein Körperteil und sagt:

Spürt dorthin, wo etwas auf eurem Körper zu spüren ist. Was spürt ihr, wo spürt ihr es, ist es glatt oder rauh, leicht oder schwer...?

Anmerkung: *Wenn die Erzieherin alle Gummistiefel verteilt hat, legt sie einen großen Kreis und einen kleinen Kreis aus Seilen in zwei Ecken des Raumes. In jeden Kreis stellt sie den entsprechenden Stiefel von der 1. Übung, dann schlägt sie einmal auf den Gong.*

9. Übung: Die Kinder probieren aus, was sie mit ihren Gummistiefeln machen können, z. B. mit den Händen hineinschlüpfen und wie ein Tier gehen, die Stiefel auf je einen Fuß stellen, ohne daß sie herunterrutschen...
Die Erzieherin überlegt gemeinsam mit den Kindern, wie man sich mit den Stiefeln als Riese und als Zwerg bewegen kann.
Riese: mit den Füßen in die Stiefel hineinschlüpfen und damit gehen.
Zwerg: mit den Händen in die Stiefel hineinschlüpfen und sich auf allen Vieren krabbelnd bewegen.

Anmerkung:	*Die Erzieherin achtet darauf, daß die Riesen- bzw. Zwergenbewegungen in unterschiedlicher Höhe durchgeführt werden, damit man Riese und Zwerg schon optisch erkennen kann.*

10. Übung: Die Erzieherin spielt mit dem Glockenspiel, die Kinder bewegen sich als Zwerge zum Spiel. Wenn das Spiel beendet ist, stellen sich alle in den kleinen Kreis aus Seilen. Die Erzieherin erklärt den Kindern, daß in dem Kreis alles voller Matsch ist und die Kinder aufpassen müssen, daß sie nicht darin versinken.
Dann spielt sie auf dem Tamburin, und die Kinder gehen als Riesen durch den Raum. Hört die Musik auf, stellen sich alle Kinder im großen (Matsch-)Kreis aus Seilen auf.

Anmerkung: –

11. Übung: „Alle Kinder kommen her zu mir." Die Erzieherin zeigt mit dem Finger auf ein Kind und spielt auf dem Glockenspiel oder Tamburin. Das Kind bewegt sich der Musik entsprechend als Riese oder Zwerg. Ist das Spiel beendet, geht das Kind in den entsprechenden Kreis.

Anmerkung: –

12. Übung: Die Kinder erhalten Legematerial, und jede Gruppe legt sich eine Brücke, auf der alle wohlbehalten und trocken durch den Matschkreis gehen können.

Anmerkung: *Die Stiefel stehen unter den Stühlen. Alle Kinder gehen über beide Brücken, die im Anschluß aufgeräumt wird. Zuletzt wird das Schlußlied gesungen oder das Schlußspiel gespielt.*

Anmerkung: *Beim Schlußspiel berührt die Erzieherin die Kinder wahlweise mit dem großen oder dem kleinen Stiefel. Die Kinder holen ihr Paar Gummistiefel unter dem Stuhl hervor und gehen je nach der Art der Berührung als Reise oder Zwerg zur Tür.*

Winterschlaf und Futtervorrat (Stunde 3)
Als Tiere bereiten wir uns auf den Winter vor

Material: Kärtchen mit aufgezeichneten Tieren (Schlange, Bär, Igel), dazu passende Futterkärtchen (mit Mäusen, Äpfeln, Honigkrügen), Trommel, Rasselbüchse oder Rumbarassel, Gong oder Becken mit Schlägel, Namenskärtchen, Material zum Nestbau (siehe Übung), Kassettenrekorder, Kassette mit Tiermusik, Chiffontücher, Korb

1. Übung: Begrüßung mit den Kleinen: Zunächst wird wie immer das Begrüßungslied gesungen (siehe Seite 11). Dann hält die Erzieherin ein Namenskärtchen hoch. Das betreffende Kind geht zu ihr und zieht sich ein Tierkärtchen. Alle begrüßen es: „Hallo, Bär Simon", und das Namens- und Tierkärtchen wird unter den Stuhl des Kindes gelegt.
Mit den Größeren: Das erste Kind zieht sich bei der Erzieherin ein Kärtchen und stellt das Tier darauf dar. Die anderen erraten, was es ist, und begrüßen das Kind entsprechend: „Guten Tag, Schlange Sarah!" Das Kärtchen wird zusammen mit dem Namenskärtchen unter den Stuhl gelegt.

Anmerkung: –

2. Übung: Die Erzieherin streicht mit der ganzen Hand über das Fell der Trommel. Die Kinder kriechen als Schlangen durch den Raum. Wenn die Erzieherin aufhört, bleiben sie liegen.

Anmerkung: –

3. Übung: Während die Erzieherin das folgende Lied singt, tippt sie ein Kind an. Dieses faßt sie an der Hand, tippt ein weiteres Kind an, welches nun die andere Hand faßt, und so weiter, bis alle eine lange Schlange bilden. Dann geht die Schlange entsprechend dem Liedtext durch den Raum: in einer Geraden, in Zickzacklinien, zu einer Schnecke eingerollt und so weiter.

Anmerkung: –

Text und Melodie: Anneliese Gaß-Tutt

1. Seht, die gro - ße Rie - sen - schlan - ge,
sie geht aus zu ih - rem Fan - ge. An dem gro - ßen
lan - gen Hals ist ein Kopf und auch— ein Schwanz.

2. Seht, jetzt geht sie schnurgerade,
immer fort auf ihrem Pfade.
Ganz gerade, gebt nur acht,
daß ihr's wie die Schlange macht.

3. Nun beginnt sie sich zu winden,
zick-zack wird sie vorn und hinten.
Rechts und links geh'n Kopf und Schwanz,
und das ist der Schlangentanz.

4. Jetzt wird sie sich auch noch ringeln,
Schwänzchen wird den Kopf umzingeln.
Haltet aber alle fest,
denn das wird das Schlangennest.

5. Wieder geht sie auf die Reise,
läßt den Kopf hinaus im Kreise.
Folget alle nach der Reih',
Schlange macht sich wieder frei.

4. Übung: Alle Schlangen schlängeln nun zu ihrem Platz zurück. Dann spielt die Erzieherin mit der ganzen Hand auf dem Fell der Trommel. Welches Tier paßt dazu? Die Kinder stampfen als Bär durch den Raum, solange auf der Trommel gespielt wird.

Anmerkung: –

5. Übung: Die Kinder tanzen schwerfällig zu folgendem Lied. Bei der Partnerwahl gehen immer zwei zusammen und halten sich an den Händen.

Text und Melodie: trad.

Ich bin ein dik - ker Tanz - bär und___
Ich such' mir ei - ne Freun - din, ei, da

kom - me aus dem Wald.
ist sie ja schon bald.
Ei, wir tan - zen

hübsch und fein von ei - nem auf das and - re Bein.

Anmerkung: –

6. Übung: Alle Bären stampfen zum Platz. Die Erzieherin spielt jetzt Rassel.
Welches Tier paßt dazu? Solange die Rassel spielt, krabbeln alle als Igel
durch den Raum. Wenn die Erzieherin einmal ganz kurz und schnell
rasselt, rollen sich die Kinder ganz klein zusammen. Denn dann ist ein
Feind in der Nähe, der sie schnappen will! Wenn die Rassel wieder einsetzt, ist die Gefahr vorüber, und alle können weiterkrabbeln.

Anmerkung: *Je nachdem, welche Instrumente zur Verfügung stehen, kann man
für die Tiere auch andere passende Klänge aussuchen.*

7. Übung: Die Erzieherin singt das folgende Lied, und die Kinder machen die
angegebenen Bewegungen dazu:

Text: trad.
Melodie: Gisela Trautwein

Teil A

1. I - ge - le, I - ge - le, schau mal ins

Spie - ge - le, dei - ne Bei - ne sind krumm.

Teil B

Sind mei - ne Bei - ne auch krumm,

dreh' ich mich trotz - dem her - um.

1. Igele, Igele, schau mal ins Spiegele,

   deine Beine sind krumm.

   Sind meine Beine auch krumm,
   dreh' ich mich trotzdem herum.

Jeder hält einen Phantasiespiegel vor
sein Gesicht.
Die Knie nach außen abknicken.

Mit krummen Beinen
einmal umdrehen.

2. Igele, Igele, schau mal ins Spiegele,

   deine Beine sind kurz.

   Sind meine Beine auch kurz,

   ist mir das Schnie-Schna-schnurz.

wie oben

Mit den noch krummen Beinen leicht in
die Hocke gehen.
Erst mit der rechten,
dann mit der linken Hand
abwinken.

Anmerkung: *Statt bei der Zeile „deine Beine sind kurz" in die Hocke zu gehen,
können kleinere Kinder auch lediglich mit Daumen und Zeigefinger
einen kurzen Abstand anzeigen.*

8. Übung: Die Erzieherin spielt im Wechsel drei Signale. Die Kinder sollen wie das entsprechende Tier dazu durch den Raum krabbeln, stampfen oder schlängeln.

Anmerkung: –

9. Übung: In drei Ecken des Raumes liegen je ein Tierkärtchen sowie Material zum Nestbau. Die Kinder gehen zu ihrer entsprechenden Ecke, je nachdem, welches Kärtchen unter ihrem Stuhl liegt. Dort bauen sie sich zusammen eine Behausung für den Winterschlaf. Während die Kinder bauen, läßt die Erzieherin eine Kassette mit Tiermusik laufen und versteckt im Raum die Futterkärtchen.

Anmerkung: *Als Material zum Nestbau eignet sich nahezu alles, was weich und biegsam ist. Hier ein paar Vorschläge:*
Bärenhöhle: Man kann aus großen Tüchern in einer Ecke des Raumes eine Höhle gestalten und legt davor noch weitere Materialien: Tücher, Servietten, trockene Herbstblätter und ähnliches.
Schlangennest: Seile, Tücher
Igelnest: Tücher, Servietten, Herbstblätter, Stroh, Zeitungen

10. Übung: Wenn die Kinder fertig sind, zeigt ihnen die Erzieherin jeweils eines der drei Futterkärtchen und bespricht, welches Tier was frißt. Auch wird darüber gesprochen, daß die Tiere sich entweder einen Wintervorrat anschaffen oder sich vor dem Winterschlaf Winterspeck anfressen. Nun sucht sich jede Tiergruppe ihre Futterkärtchen im Raum und bringt diesen Vorrat zu ihrem Winterquartier.

Anmerkung: –

11. Übung: Entspannungsübung:
Alle Tiere legen sich in ihre Behausungen. Die Erzieherin geht zu jeder Tiergruppe und spricht den jeweiligen Zauberspruch, damit die Tiere ihren Winterschlaf halten können. Dazu spielt sie leise im Takt das Becken oder den Gong:

Schlange, Schlange, Schlange,
du schläfst jetzt schön und lange.
Liegst starr und still und stumm,
in deinem Nest herum.
Ich decke dich ganz leise zu,
dann schläfst du sicher und in Ruh'.

Großer, dicker, brauner Bär,
bist satt und müd' und wirst ganz schwer.
Träumst vom Honig, süß und fein,
schläfst ganz ruhig und friedlich ein.
Ich decke dich ganz leise zu,
dann schläfst du sicher und in Ruh'.

Kleiner Igel Stachelfell,
schlaf im Blätterhaufen,
deine Beine ruh'n sich aus,
sie sind so viel gelaufen.
Dein Bett ist gemacht aus Blättern, groß und klein,
raschel nicht, dann schläfst du ein.
Ich decke dich ganz leise zu,
dann schläfst du sicher und in Ruh'.

(Reime von Pia Gmeiner)

Jede Tiergruppe wird nach dem Zauberspruch mit einem Chiffontuch zugedeckt.

Anmerkung: *Wichtig ist, wie bei jeder Entspannungsübung, daß der Text ganz ruhig gesprochen wird. Das Becken und auch der Gong unterstützen die entspannende Wirkung. Bei sehr unruhigen Kindern kann das Becken auch sehr leise direkt über dem Kopf geschlagen werden.*

12. Übung: Die Erzieherin wartet je nach Gruppe einige Sekunden oder Minuten
nach den Zaubersprüchen ab, dann spielt sie auf dem Becken oder
Gong drei laute Schläge und spricht dazu:

Frühlingssonne, Frühlingssonne,
scheint so warm und hell.
Schlange, Bär und Igel,
wachen auf ganz schnell.

Die Kinder recken und strecken sich, bis sie wieder ganz aus ihrer Entspannung zurückgekehrt sind.

Anmerkung: –

13. Übung: Die Höhlen werden von allen aufgeräumt. Wer damit fertig ist, setzt
sich auf seinen Platz und nimmt sein Tierkärtchen unter seinem Stuhl
hervor. Die Erzieherin hält je ein Tierkärtchen hoch, die Kinder mit
dem gleichen Motiv gehen zur Tür und legen ihr Kärtchen in einen
dort bereitstehenden Korb.
Die Stunde endet wie immer mit dem Schlußlied oder -spiel (siehe Seite 13).

Anmerkung: –

Sturm und Wind (Stunde 4)
Wir lassen Luftballons fliegen und schweben

Material:	ein großes Tuch, Federn, Wattebäusche, kleine Fellstücke, Chiffontücher, Fallschirm, Seil zum Zubinden, pro Kind ein Luftballon, Flöte, Rhythmiktücher, Decken, Lampe mit Teelicht, Streichhölzer, Kassettenrekorder, Kassette mit meditativer Musik

1. Übung: Begrüßung: Auf einem großen Tuch liegen Federn, Wattebäusche, kleine Fellstücke, Chiffontücher. Ein Kind beginnt, holt sich eines der Materialien und begrüßt damit ein anderes Kind. Sobald es sein Material zurückgelegt hat, holt sich das begrüßte Kind ein Material und so weiter, bis alle Kinder an der Reihe waren.
Die Kleinen singen ihr Begrüßungslied (siehe Seite 11).

Anmerkung: –

2. Übung: Die Kinder bilden einen Kreis. In die Kreismitte legt die Erzieherin einen mit einem Seil zugebundenen Fallschirm, in dem sich aufgeblasene Luftballons befinden. Sobald sie zweimal in die Hände klatscht, betasten alle gemeinsam das Material im Fallschirm. Wie fühlt es sich an? Dabei wird nicht verraten, worum es sich handelt.

Anmerkung: *Die Kinder sollten darauf hingewiesen werden, beim Betasten nicht zu fest zu drücken.*

3. Übung: Die Erzieherin knotet den Fallschirm auf und nennt den Namen eines Kindes. Dieses hält sich an einer Halteschlaufe fest. Dann wird der nächste Name genannt, bis alle Kinder eine Schlaufe in den Händen halten.
Gemeinsam versuchen alle das Tuch anzuheben, ohne daß ein Luftballon herunterfliegt.

Anmerkung: –

4. Übung: Wenn die Erzieherin „Hui" sagt, schwingen alle gemeinsam den Fallschirm nach oben und werfen dabei die Luftballons in den Raum. Das geht so lange, bis alle Ballons heruntergeflogen sind.

Anmerkung: –

5. Übung: Es folgt freies Spiel mit dem Ballon. Welche Bewegungen kann man mit ihm ausführen, welche Geräusche machen, ohne daß er zerplatzt? Dann macht immer ein Kind seine Übung vor, alle machen sie nach.

Anmerkung: *Es sollten, wenn möglich, robustere Luftballons verwendet werden, wie zum Beispiel marmorierte oder Spezialballons, die nicht so leicht zerplatzen. Manche Kinder haben Angst davor, man sollte sie dann auf keinen Fall zum Mitmachen zwingen!*

6. Übung: Jedes Kind hält seinen Ballon an dem Knoten fest. Die Erzieherin geht mit einer Flöte zu je einem Kind. Sobald sie einen Ton spielt, tippt das Kind den Ballon an, so daß er in die Luft fliegt. Der Ballon muß immer in der Luft bleiben, er darf nicht auf den Boden fallen.

Anmerkung: *Bei dieser Übung ist es wichtig, daß die Erzieherin ihr Flötenspiel dem jeweiligen Tempo des Kindes anpaßt.*

7. Übung: Wie die Übung davor, nur bewegen sich jetzt alle Kinder im Raum. Bei jedem Flötenton werden die Ballons in die Luft befördert. Wenn das Flötenspiel beendet ist, lassen alle die Ballons herunterschweben und sinken dabei ebenfalls wie der Ballon zu Boden.

Anmerkung: *Diese Übung eignet sich eher für ältere Kinder.*

8. Übung: Immer zwei Kinder finden sich zusammen. Die Erzieherin spielt auf der Flöte, und je ein Ballon wird gemeinsam zur Musik getragen: zwischen den Händen, zwischen den Bäuchen, den Knien, den Gesichtern und ähnliches. Die Kinder probieren verschiedene Möglichkeiten aus, ohne den Ballon zu verlieren.

Anmerkung: –

9. Übung: In freier Reihenfolge holt sich immer ein Paar ein Rhythmiktuch und legt seinen Ballon darauf. Mit dem Ballon auf dem Tuch geht es dann durch den Raum, ohne daß dieser herunterfliegt.

Anmerkung: *Den jüngeren Kindern kann man gegebenenfalls helfen, den Ballon auf das Tuch zu legen.*

10. Übung: Entspannungsübung:
Jedes Kind legt einen Ballon auf die Sitzfläche seines Stuhles. Die Rhythmiktücher werden zusammengefaltet und weggeräumt. Dann holen sich alle Decken und legen sie in den Raum. Sobald die Erzieherin die Lampe angezündet hat und die Musik einsetzt, nimmt jedes Kind seinen Ballon vom Stuhl und geht damit zu seiner Decke.
Die Erzieherin erzählt:

Legt euch mit verschiedenen Körperteilen auf den Luftballon, und überlaßt diesen Körperteil ganz dem Ballon. Laßt das ganze Gewicht auf den Ballon sinken. Wie fühlt sich das an? Was spürt ihr? Legt euch mit dem Kopf auf den Ballon, überlaßt das ganze Gewicht eures Kopfes dem Ballon, und laßt euch richtig fallen. Verlaßt euch auf den Ballon, spürt seine Weichheit, sein Nachgeben. Bewegt den Kopf langsam hin und her, und sucht eine bequeme Stellung, in der ihr eine längere Zeit liegen könnt.

Nach einer Weile werden die Kinder mit kräftiger Stimme zurückgeholt.
Alternativ kann man den jüngeren Kindern eine Entspannungsgeschichte erzählen:

Es war einmal ein roter Luftballon, der lag ganz flach mit vielen anderen Ballons zusammen in einer großen Tüte. Eines Tages kam ein kleines Mädchen, das wollte unbedingt einen roten Luftballon haben. Es nahm die Tüte und holte sich den roten Ballon heraus.
Der rote Ballon war noch ganz flach, deshalb führte ihn das Mädchen an die Lippen und begann, ihn aufzublasen.
Wir halten unsere Hände wie eine Muschel vor unseren Mund und blasen dort hinein. Fühlt ihr schon, wie der rote Ballon immer dicker und runder wird?
Das kleine Mädchen blies noch ein letztes Mal in den Ballon hinein, dann machte es einen dicken Knoten, und die Luft blieb in dem roten Ballon und konnte nicht mehr heraus.

Der rote Ballon freute sich, daß er so schön dick aufgeblasen war. Jetzt wollte er nur noch eines: fliegen, fliegen, fliegen, möglichst bis zu den Wolken am Himmel hinauf.

Aber das kleine Mädchen hielt ihn ganz fest, er konnte nicht fortfliegen. Es ging mit ihm spazieren und kam dabei auf eine große Wiese. Überall auf der Wiese lagen Blätter herum, rote, gelbe, braune Blätter, der Wind hatte sie von den Bäumen heruntergeblasen.

Es war nämlich Herbst, und da war es die Aufgabe des Windes, die Bäume ganz kahl zu blasen und alle Blätter davonzujagen.

Der Luftballon sagte ganz leise zu dem Wind: „Bitte, bitte, lieber Wind, laß mich auch einmal so schön hochfliegen wie die Blätter."

Der Wind blies und blies, das kleine Mädchen konnte den Ballon plötzlich nicht mehr festhalten, und er flog davon.

Er flog über die Wiese und über die Bäume, die nun ganz klein wurden.

Stellt euch vor, daß ihr der Luftballon seid, der so hoch hinaufffliegt! Spürt den Wind an eurem Körper, spürt, wie ihr ganz leicht werdet und davonfliegt. Seht ihr schon die Wolken, wie sie am Himmel entlangziehen? Hinter den Wolken hat sich die Sonne versteckt, gleich spürt ihr ihre warmen Strahlen an eurem Körper. Genießt die Wärme, genießt das Gefühl, leicht und frei durch die Luft zu schweben.

Der rote Luftballon wurde immer übermütiger. Er flog immer schneller durch die Luft, drehte sich, schlug Purzelbäume und freute sich, daß er so frei fliegen konnte.

Doch plötzlich hörte der Wind auf zu blasen, er zog weiter an einen anderen Ort. Der rote Ballon merkte, wie er langsam immer tiefer sank, die Bäume kamen näher und näher. Ein kleiner Vogel flog eine Weile neben ihm her, und der rote Luftballon dachte: ‚Ach, wenn ich doch so fliegen könnte wie der Vogel, der braucht keinen Wind, der hat Flügel, die ihn tragen.' Das kleine Mädchen stand immer noch auf der Wiese und schaute traurig zum Himmel hinauf, da sah es etwas Rotes, Rundes langsam auf sich zuschweben. Es war ihr roter Ballon! Als er über ihr war, streckte sie sich und hielt ihn ganz fest am Knoten. Sie dachte: ‚Was er wohl alles gesehen und erlebt hat auf seiner Reise zu den Wolken? Schade, daß er es mir nicht erzählen kann. Ich nehme ihn jetzt mit nach Hause und binde ihn an eine lange Schnur, die knote ich dann an mein Bett. Und wenn es in den nächsten Tagen wieder ganz windig ist, nehme ich den Ballon an der Schnur mit zur Wiese, dann kann er wieder fliegen, und ich brauche keine Angst mehr zu haben, daß er mir davonfliegt.'

Anmerkung: –

11. Übung: Jedes Kind legt seinen Ballon wieder auf die Sitzfläche seines Stuhles und räumt dann die Decke weg. Danach können die Kinder ihren Ballon wieder holen. Sie halten ihn jeweils am Knoten in der rechten Hand fest und bilden einen Kreis. Mit der linken Hand berührt jedes Kind den Ballon seines linken Nachbarn. So machen alle einen kleinen Tanz zum Abschluß. Dazu singt die Erzieherin ein beliebiges Lied.

Anmerkung: *Ein solcher Tanz eignet sich eher für ältere Kinder. Bei den jüngeren würde es zuviel Unruhe geben, bis man ihnen gezeigt hat, wo sie welche Hand haben sollen.*

12. Übung: Die Stunde endet wie immer mit dem Schlußlied oder -spiel (siehe Seite 13).

Anmerkung: *Da marmorierte Luftballons nicht sehr teuer sind, dürfen die Kinder diese mit nach Hause nehmen. Hat man sich jedoch für die teuren Spezialballons entschieden, bleiben diese beim Rhythmikmaterial. Damit man diese Ballons öfter verwenden kann, macht man übrigens am besten nur einen leichten Knoten, um sie zu verschließen. Dieser läßt sich dann leicht wieder öffnen, und man kann die Ballons länger und platzsparender aufbewahren.*

Was bringt der Herbst? (Stunde 5)
Übungen mit Nüssen

Material: kleiner Reifen, Steine unterschiedlicher Größe, Säckchen mit Walnüssen, Holzblocktrommel, Decken, Lampe mit Teelicht, Streichhölzer, Kassettenrekorder, Kassette mit meditativer Musik

1. Übung: Begrüßung: In einem Reifen liegen Steine unterschiedlicher Größe paarweise angeordnet. Die Kinder sitzen im Stuhlhalbkreis. Eines nach dem anderen holt sich 2 Steine und begrüßt damit seinen Nachbarn. Dann setzt es sich und legt seine Steine auf seine Oberschenkel. Nun ist das nächste Kind an der Reihe und so weiter, bis das letzte das erste begrüßt.
Die Kleinen singen ihr Begrüßungslied (siehe Seite 11).

Anmerkung: *Die Kinder können die Steine gegebenenfalls auch auf den Oberschenkeln festhalten.*

2. Übung: Die Erzieherin teilt die Kinder in 4 Gruppen mit je mindestens 2 Kinder ein. Sie singt das folgende Lied einmal vor. Dann singen es alle gemeinsam. Danach begleiten alle das Lied im Takt mit den Steinen. Zum Schluß spielen nur die entsprechenden Gruppen.

Text und Melodie: Hans R. Franzke
Von der Fidula-CD „Tanzlieder für Kinder",
Fidula-Verlag Boppard/Rhein und Salzburg

1. Der Herbst, der Herbst, der Herbst ist da!
Er bringt uns Wind, hei hus - sa - - sa!

Schüt - telt ab die Blät - ter, bringt uns Re - gen -

wet - ter. Hei - a hus - sas - sa, der Herbst ist da!

1. Gruppe:	Der Herbst, der Herbst, der Herbst ist da!
2. Gruppe:	Er bringt uns Wind, heihussasa!
3. Gruppe:	Schüttelt ab die Blätter,
4. Gruppe:	bringt uns Regenwetter.
alle Gruppen:	Heia hussasa, der Herbst ist da!

Anmerkung: *Bei den Größeren kann man das Lied nach einiger Zeit auch ohne Singen nur mit den Steinen spielen, zuerst alle gemeinsam, dann die einzelnen Gruppen.*

3. Übung: Jedes Kind legt sein Steinpaar unter seinen Stuhl. Die Erzieherin schlägt zwei große Steine gegeneinander. Die Kinder gehen zu ihrem Spiel durch den Raum und beachten dabei das Tempo. Wenn die Erzieherin aufhört zu spielen, bleiben alle stehen. Dann gibt die Erzieherin ihre Steine an ein Kind weiter, und nun gibt dieses damit das Tempo vor, in dem die Gruppe gehen soll. Es gibt wieder die Steine weiter und so fort, bis jedes Kind die Gruppe einmal anführen durfte.

Anmerkung:	*Kleinere Kinder sollten darauf hingewiesen werden, daß sie ein Tempo einhalten und möglichst nicht wechseln sollen, damit die Gruppe auch wirklich danach gehen kann.*

4. Übung: Die Erzieherin legt die Steine beiseite und bittet die Kinder singend in den Kreis (siehe Seite 12). In die Kreismitte legt sie ein zugebundenes Säckchen, in dem sich Walnüsse befinden. Die Kinder schließen die Augen. Das Säckchen wird geschüttelt, und die Kinder sollen sagen, was sie hören.

Anmerkung: –

5. Übung: Das Säckchen wird reihum gegeben, und jedes Kind tastet, hört, riecht daran. Es nennt eine Eigenschaft des Materials im Säckchen, ohne dessen Namen zu nennen.

Anmerkung: –

6. Übung: Jetzt wird der Inhalt des Säckchens in die Kreismitte geschüttet. Jedes Kind darf sich eine Nuß nehmen und genau untersuchen. Wenn die Erzieherin einmal in die Hände klatscht, legen die Kinder die Nüsse in die Kreismitte zurück.

Anmerkung: –

7. Übung: Jetzt rollt die Erzieherin jedem Kind eine Nuß zu. Alle Kinder probieren mit der Nuß etwas aus. Was kann man mit ihr im Stehen, im Gehen oder im Sitzen machen? Sobald die Erzieherin ihre Nuß hochhält, hören die Kinder auf.

Anmerkung: *Beim freien Spiel gibt die Erzieherin die Einschränkung, daß die Nuß nicht geworfen werden darf.*

8. Übung: Alle halten ihre Nuß in einer Hand hoch über den Kopf. Wenn die Erzieherin einen Ton auf der Holzblocktrommel spielt, lassen die Kinder ihre Nuß auf den Boden fallen und beobachten genau, wo sie hinrollt. Wird mit dem Schlägel auf den Boden geklopft, holt jedes Kind seine Nuß und stellt sich wieder an die gleiche Stelle zurück.

Anmerkung: –

9. Übung: Nun sollen die Kinder in freier Reihenfolge so viele Nüsse auf den Boden fallen lassen, wie die Erzieherin mit der Holzblocktrommel Schläge trommelt. Wenn sie mit dem Schlägel auf den Boden klopft, holen die Kinder ihre Nüsse in genau der Reihenfolge, wie sie auf den Boden fielen. Pro Schlag wird eine Nuß fallengelassen bzw. zurückgeholt.

Anmerkung: *Diese Übung ist recht schwierig und nur für ältere Kinder geeignet.*

10. Übung: Entspannungsübung:
Jedes Kind legt seine Nuß unter seinen Stuhl, holt sich seine Decke und legt sie in den Raum. Die Erzieherin stellt die Lampe in die Mitte des Raumes, zündet die Kerze an und spielt leise Musik ein.

Stellt euch mit euren Füßen auf die Decke. Spürt zuerst in den rechten Fuß hinein: Wie steht er auf der Decke? Was spürt er unter sich? Spürt zum Boden unter der Decke, spürt die Härte des Bodens. Macht das gleiche mit dem linken Fuß: Steht der Fuß genauso wie der rechte auf der Decke? Versucht, mit beiden Füßen gleich auf der Decke zu stehen und den Boden unter der Decke zu spüren. Ich gebe jedem Kind jetzt eine Nuß. Wer sie erhalten hat, legt sie auf die Decke und stellt sich mit einem Fuß auf die Nuß.

Die Nüsse werden verteilt.

Was spürt der Fuß, der auf der Nuß steht? Ist die Nuß unter dem Fuß angenehm oder unangenehm? Welchen Unterschied stellt ihr fest zwischen dem Fuß, der auf der Nuß steht, und dem Fuß, der auf der Decke ruht? Legt die Nuß nun unter den anderen Fuß. Was fühlt der Fuß ohne Nuß? Was fühlt der andere? Wer möchte, schließt bei dieser Übung die Augen.

Jedes Kind erhält eine zweite Nuß.

Stellt euch kurz mit beiden Füßen auf je eine Nuß. Was fühlen die Füße jetzt?

Anmerkung: –

11. Übung: Jedes Kind legt seine beiden Nüsse zu seiner ersten Nuß und den beiden Steinen unter seinen Stuhl und räumt die Decke weg. Nun legen die Kinder gemeinsam aus allen Nüssen und den Steinen ein gemeinsames Bild. Das kann zum Beispiel ein Herbstbaum oder ein Blatt sein.

Anmerkung: *Die Kleineren können alternativ auch etwas für sich allein legen, zum Beispiel auf eine Legetafel aus Holz oder auf die Sitzfläche ihres Stuhles.*

12. Übung: Die Kinder versammeln sich zum Schlußspiel oder Schlußlied (siehe Seite 13).

Anmerkung: *Die Kinder dürfen die Nüsse nach der Stunde mit nach Hause nehmen und daraus etwas basteln oder sie auch einfach nur aufessen.*

Gelb und rund und schön (Stunde 6)
Aus einem Kern wird eine Sonnenblume

Material: ein Reifen, verschiedene gelbe Materialien (Holzkugel, Tuch, Seil, Ball), grünes Tuch, Stoffsäckchen, großer Korb, Sonnenblumen ohne Blätter und Stiel, Lampe mit Teelicht, Streichhölzer, Decken, große blaue Muggelsteine, Kassettenrekorder, Kassette mit meditativer Musik, Metallophon, Namenskärtchen

1. Übung: Begrüßung: In einem Reifen liegen eine gelbe Holzkugel, ein gelbes Seil, ein gelbes Tuch und ein gelber Ball bereit. Die Erzieherin hält je ein Namenskärtchen hoch. Das betreffende Kind holt sich etwas aus dem Reifen und begrüßt damit alle Kinder. Dabei kann es auch den Reifen miteinbeziehen. Dann legt es den jeweiligen Gegenstand in den Reifen zurück, holt sein Namenskärtchen und legt es unter seinen Stuhl. Auch die Erzieherin begrüßt alle Kinder mit einem Gegenstand und nennt dabei jeden Namen.
Die Kleinen singen ihr Begrüßungslied (siehe Seite 11).

Anmerkung: –

2. Übung: Wenn die Erzieherin ein grünes Tuch hochhält, geht jedes Kind, wie es möchte, durch den Raum. Wird das grüne Tuch heruntergenommen, bleiben die Kinder stehen.

Anmerkung: *In der Praxis hat es sich bewährt, das Tuch als Signal zum Anhalten herunterzunehmen, anstatt es hochzuhalten. Die Kinder reagieren darauf besser.*

3. Übung: Wenn die Erzieherin nun das gelbe Tuch hochhält, gehen alle rückwärts. Wieder bleiben die Kinder erst stehen, wenn das Tuch heruntergenommen wird.

Anmerkung: –

4. Übung: Abwechselnd wird jetzt das grüne oder das gelbe Tuch hochgehalten, und die Kinder gehen entsprechend vorwärts oder rückwärts. Wird überhaupt kein Tuch hochgehalten, bleiben alle stehen.

Anmerkung: *Die Tücher können, je nach Gruppe, in unterschiedlich schnellem Wechsel hochgehalten und heruntergenommen werden.*

5. Übung: Die Erzieherin legt einen Reifen in die Mitte des Raumes. Die Kinder verteilen sich. Dann tippt die Erzieherin ein Kind an. Dieses geht zum Reifen und dreht ihn wie einen Kreisel an. Solange der Reifen sich dreht, gehen alle frei durch den Raum. Sobald der Reifen am Boden liegt, bleiben sie stehen. Die Erzieherin tippt das nächste Kind an und so weiter, bis alle an der Reihe waren.

Anmerkung: –

6. Übung: Die Kinder stehen immer noch im Raum verteilt. Die Erzieherin nennt den Namen eines Kindes und spricht folgenden Reim:

Geh um den Reifen rundherum,
klatsch einmal in die Hände,
dann drehst du dich um.
Spring aus dem Reifen jetzt heraus,
setz dich auf deinen Platz,
dein Reim ist aus.

Die Übung wird so lange gemacht, bis jedes Kind an der Reihe war und auf seinem Stuhl sitzt.

Anmerkung: *Der Reim gibt den Kindern genau vor, was sie tun sollen. Bei den Kleineren kann das Gesprochene noch mit Gesten unterstrichen werden, damit es eindeutiger ist.*

7. Übung: Die Kinder werden singend in den Kreis gebeten (siehe Seite 12). Dann gibt die Erzieherin ein zugebundenes Säckchen reihum, in dem sich der Blütenkopf einer Sonnenblume befindet. Das erste Kind tastet, schüttelt und riecht und nennt eine Eigenschaft des Säckcheninhaltes, ohne ihn genau zu benennen.

Anmerkung: –

8. Übung: Die Erzieherin holt die Sonnenblume aus dem Säckchen heraus. Alle betrachten sie. Dann wird sie reihum gegeben, damit die Kinder sie genau untersuchen können. Anschließend wird kurz über Sonnenblumen gesprochen: Was kann man mit den Körnern machen? Warum heißt sie Sonnenblume? Und ähnliches.

Anmerkung: –

9. Übung: Die Erzieherin stellt einen großen runden Korb in die Kreismitte. In dem Korb befinden sich pro Kind eine Sonnenblumenblüte. Das Kind, dem die Erzieherin zuerst zunickt, holt sich eine Sonnenblume aus dem Korb und hält sie in der Hand. Wenn alle Kinder eine Blüte haben, fahren sie mit einem Finger am Rand ihrer Sonnenblume entlang. Die Erzieherin spricht dazu in einem monotonen Sprechgesang:

Die Sonnenblume ist rund,
die Sonnenblume ist rund,
sie hat viele Körner,
die sind so gesund.

Anmerkung: –

10. Übung: Es folgt freies Spiel mit der Sonnenblume im Raum. Wenn die Erzieherin ihre Sonnenblume hochhält, hören die Kinder auf.

Anmerkung: *Wie immer sollen die Kinder beim freien Spiel achtsam mit dem Material umgehen.*

11. Übung: Entspannungsübung:
In der Raummitte liegt noch der Reifen. In seine Mitte stellt die Erzieherin eine Lampe mit Teelicht und zündet das Licht an. Mit ihrer Sonnenblume zeigt sie auf ein Kind. Dieses legt seine Sonnenblume außen an den Reifenrand, holt seine Decke, legt sie auf den Boden und setzt sich darauf. Wenn alle Kinder sitzen, wird leise Musik eingespielt, und die Erzieherin beginnt zu erzählen:

Legt euch auf eure Decken. Stellt euch vor, das ist Erde, und ihr seid ein kleiner Sonnenblumenkern, der in der Erde liegt und schläft. Macht euch ganz klein. Spürt ihr die Wärme von eurer

Decke, der Erde, auf der ihr liegt? Wo spürt ihr die Wärme? An eurem Gesicht, an den Armen, den Beinen, dem Kopf?
Die Sonne scheint hell und warm, du spürst sie gleich an einem Körperteil.

Die Erzieherin legt jedem Kind ihre Hand eine Weile auf eine Körperstelle. Dort wird es sehr warm.

Spüre dorthin, wo du gerade die Wärme der Sonne besonders intensiv gefühlt hast.
Gleich fängt es an zu regnen. Die Pflanzen brauchen die Wärme der Sonne und auch den Regen, damit sie wachsen können.

Sie läßt auf jedes Kind einige große blaue Muggelsteine „regnen".

Wo spürst du die einzelnen Regentropfen? Vielleicht bleibt ein Regentropfen auf deinem Körper liegen? Wo spürst du ihn?
Durch den Regen beginnen die einzelnen Sonnenblumenkerne zu wachsen. Die Füße sind die Wurzeln, die fest in der Erde verankert sind.

Die Erzieherin spielt mit einem Metallophon einzelne Töne.

Wenn ihr einen Ton hört, wachst ihr ein Stück, und dann noch ein Stück. Eure Arme wachsen in die Höhe, die Hände sind die Blüten der Sonnenblume. Jetzt ist jede Sonnenblume ganz groß gewachsen.

Zum Schluß recken und strecken sich die Kinder, bis sie wieder ganz wach sind.

Anmerkung: –

12. Übung: Immer ein Kind holt seine Sonnenblume, die noch am Reifenrand liegt, und stellt sich zum Schlußspiel oder -lied auf (siehe Seite 13).

Anmerkung: *Die verwendeten Naturmaterialien können die Kinder wie immer mit nach Hause nehmen. Man kann ihnen noch Hinweise geben, was sie mit den Körnern machen können: im Winter ins Vogelhäuschen streuen, sie rösten oder zum Backen verwenden und ähnliches.*

Winter

Der Schneemann ist ein dicker Mann (Stunde 1)
Wir lassen es schneien und spielen im Schnee

Material: Reifen, verschiedene Stücke Winterkleidung, weiße Servietten, 2 Kärtchen (eines zeigt eine Sonne, eines einen Schneemann)

1. Übung: Begrüßung: In einem mit einem Tuch bedeckten Reifen liegen verschiedene Stücke Winterkleidung: Schal, Mütze, Handschuhe, Winterstiefel und so weiter. Das erste Kind begrüßt mit einem Kleidungsstück das zweite, das zweite das dritte und so weiter, bis das letzte Kind wieder das erste begrüßt.
Die Kleinen singen ihr Begrüßungslied (siehe Seite 11).

Anmerkung: –

2. Übung: Zu folgendem Lied gehen oder hüpfen alle durch den Raum. Wenn die Erzieherin aufhört zu singen, halten die Kinder an und gehen erst weiter, sobald das Lied erneut ertönt.

Text: trad./Melodie:
aufgezeichnet von Anneliese Schöneberger

Es war ein klei - ner Es - ki - mo, der fiel von sei - nem
Da schrie der klei - ne Es - ki - mo ganz fürch - ter - lich und

Schlit - ten. Und das war schlimm, und das war so, denn
bit - ter, und das war dumm, und das war so, er

er war aus - ge - glit - ten.
saß auf ei - nem Split - ter. Hal - low, my lit - tle boy, come

lis - ten what I say, sit down on your po - po and drink a ca - ca - o.

Anmerkung: *Bei den Kleinen werden längere, bei den Großen kleinere Singpausen gemacht.*

3. Übung: Die Kinder werden singend in den Kreis gebeten. Dann spricht die Erzieherin den folgenden Reim, und alle machen die angegebenen Bewegungen mit:

Der Schneemann ist ein dicker Mann,	mit beiden Armen zeigt man den Umfang an
pff, pff, pff,	ausatmen
hat einen weißen Mantel an.	den Mantel mit den Händen andeuten
Er ist so rund,	Arme über dem Kopf zusammenschlagen
wiegt hundert Pfund.	mit beiden Händen viele Male in die Luft „schlagen", um das große Gewicht anzudeuten
Doch wenn die liebe Sonne scheint,	Arme vor dem Gesicht überkreuzen
dann wird er klein, so klein, so klein.	mit den überkreuzten Armen langsam in sich zusammensinken bis in die Hocke; dabei darauf achten, nicht umzufallen und das Gleichgewicht nicht zu verlieren

Anmerkung: *Bei den Kleinen kann man den letzten Teil etwas vereinfachen. Die Kinder deuten die Sonne mit den Armen an und nehmen dann die Arme nach außen, um das Gleichgewicht beim Zusammensinken auszupendeln. Sie dürfen sich am Schluß mit beiden Händen auf dem Boden abstützen.*

4. Übung: Am Ende des Reimes liegen die Kinder in sich zusammengesunken auf dem Boden. Sie schließen die Augen. Die Erzieherin legt jedem Kind eine weiße Serviette auf den Kopf. Die Kinder versuchen zu erraten, um was es sich handelt.

Anmerkung: –

5. Übung: Jeder probiert mit seiner Serviette etwas aus, ohne daß sie zerreißt. Wenn die Erzieherin ihre Serviette hochhält, hören die Kinder auf. Dann machen sie nacheinander etwas vor, die anderen machen es nach.

Anmerkung: –

6. Übung: Jedes Kind legt seine Serviette vor sich auf den Boden. Die Erzieherin singt noch einmal das Eskimolied von Übung 2. Zu dem Lied gehen alle kreuz und quer um die Servietten herum, ohne sie zu berühren. Am Ende des Liedes bleibt jeder bei irgendeiner Serviette stehen. Es können auch 2 Kinder bei einer Serviette stehen.
Das Lied wird wiederholt, und die Kinder bleiben nun am Ende des Liedes bei der eigenen Serviette stehen.

Anmerkung: *Bei dieser Übung haben selbst die Kleinen meist keine Schwierigkeiten, denn durch den englischen Teil können sie das Ende des Liedes gut abschätzen.*

7. Übung: Die Kinder bilden Paare. Jedes Paar probiert etwas mit beiden Servietten aus. Sobald die Erzieherin ihre Serviette hochhält, legt jedes Paar beide Servietten zu einer Form auf den Boden (zum Beispiel zu einem Haus). Die Servietten dürfen dazu auch gefaltet werden. Alle betrachten sich die Gebilde und erraten, was jedes darstellt.

Anmerkung: *Den Kleinen kann man, falls nötig, Tips geben, was sie mit den Servietten legen können.*

8. Übung: Entspannungsübung:
Jeder legt seine Serviette auf den Boden und stellt sich mit beiden Füßen darauf. Die Kinder sollen ruhig und gleichmäßig atmen und dabei bewußt ihre Füße spüren. Die Erzieherin hält ein Kärtchen hoch, auf dem ein Schneemann zu sehen ist. Die Kinder stehen wie erstarrt und bewegen sich nicht. Nun wird ein Kärtchen mit einer aufgezeichneten Sonne hochgehalten. Der Schneemann beginnt langsam zu schmelzen. Die Arme werden weich und sind nicht mehr starr, ebenso der Kopf, der Körper, die Beine und die Füße. Der Schneemann sinkt langsam in sich zusammen, von oben nach unten. Die Füße bleiben dabei auf der Serviette stehen.

Anmerkung: *Die Kleinen müssen nicht unbedingt mit den Füßen auf der Serviette stehenbleiben.*

9. Übung: Alle liegen in sich zusammengesunken auf dem Boden. Die Erzieherin stülpt über jedes Kind einen Reifen, so daß das Kind in der Mitte liegt. Der Schneemann beginnt nun langsam zu wachsen, bis jedes Kind in seinem Reifen steht. Die Erzieherin singt das folgende Lied. Dazu rupft jedes Kind seine Serviette in kleine Schneeflocken und läßt es in seinem Reifen „schneien". Wer möchte, kann sich noch weitere Servietten holen. Nach der 3. Strophe hört es auf zu schneien, und alle betrachten den Schnee.

Text und Melodie: Rolf Zuckowski
© Mit freundlicher Genehmigung
MUSIK FÜR DICH
Rolf Zuckowski OHG, Hamburg

weiß, aus laut wird leis, die Welt wird zu-ge-

-deckt und von der Früh-lings-son - ne wird sie wie-der auf-ge- weckt.

D. C. al 𝄌 𝄌 – 𝄌 𝄌

𝄌 𝄌

wol - len ro - deln gehn! Es schneit! Es schneit! Es schneit!

2. Wir holen unsre Schlitten raus
   und laufen in den Wald hinaus,
   und dann bauen wir den Schneemann vor der Tür.

   Es schneit …

3. Aus grau wird weiß,
   aus laut wird leis,
   die Welt wird zugedeckt,
   und von der Frühlingssonne wird sie
   wieder aufgeweckt.

   Es schneit …

Anmerkung: –

10. Übung: Jedes Kind stellt sich vor seinen Reifen. Die Erzieherin spricht:

Den Schnee rollt ein zum Schneeball fein,
ganz rund und groß,
und jetzt geht's los.

Währenddessen sammelt jeder so viele Schneeflocken, wie er kann, und drückt sie zusammen. Bei „los" wird der Schneeball auf ein Kind geworfen.

Anmerkung: *Diese Übung kann man einige Male machen, so daß eine richtige Schneeballschlacht entsteht.*

11. Übung: Jetzt spielen alle „Schneepflug". Dazu schieben die Kinder mit ihren Reifen alle Schneeflocken zu einem großen Haufen zusammen.

Anmerkung: –

12. Übung: Die Reifen werden nun zu einem „Reifenbrunnen" übereinandergelegt. Dabei soll sich der Schneehaufen in der Mitte des Brunnens befinden. Ein Kind nach dem anderen türmt seinen Reifen auf den langsam wachsenden Brunnen.

Anmerkung: –

13. Übung: Alle machen einen Kreis um den Reifenbrunnen herum und halten sich an den Händen. Dann wird das Schlußlied gesungen oder das Schlußspiel gespielt (siehe Seite 13).

Anmerkung: –

Ein schwarzes Tier im weißen Eis (Stunde 2)
Spiele und Übungen rund um den Pinguin

Material: ein weißes Tuch, weiße Toilettenpapierrollen, Styroporstücke, rotes oder orangefarbenes und schwarzes Tonpapier, Klebstoff, Scheren, Glockenspiel, Namenskärtchen, Decken, ggf. schwarzer Karton, weiße und schwarze Muggelsteine, Kreide

1. Übung: Unter einem weißen Tuch verdeckt liegen weiße Toilettenpapierrollen. Jede Rolle steht auf einem Namenskärtchen. Ein Kind beginnt und holt sein Namenskärtchen mit der dazugehörigen Rolle. Das Kärtchen legt es unter seinen Stuhl, und mit der Rolle begrüßt es ein Kind, das danach wiederum sein Kärtchen mit der Rolle holt, und so weiter. Die Kleinen singen ihr Begrüßungslied (siehe Seite 11) und holen sich dann wie beschrieben Rolle und Kärtchen.

Anmerkung: *Wenn keine weißen Rollen zur Verfügung stehen, kann man sie mit weißem Papier bekleben.*

2. Übung: Nun folgt freies Spiel mit der Papierrolle, bis die Erzieherin mit einem weißen Tuch winkt und damit das Signal zum Aufhören gibt. Ein Kind nach dem anderen macht mit der Rolle eine Übung vor. Die anderen schauen zu.

Anmerkung: *Wenn die Kinder schon einige Erfahrung in der Rhythmik gesammelt haben, macht es ihnen nichts mehr aus, eine Übung ganz alleine vorzuführen, ohne daß die anderen die Übung nachmachen. Meist genießen sie es sogar!*

3. Übung: Die Kinder stellen sich nebeneinander in einer Reihe auf. Die Erzieherin nickt dem ersten Kind zu, dieses rollt seine Papierrolle in Richtung Wand und merkt sich, wo sie liegenbleibt.

Anmerkung: *Um bei den Kleinen Streitigkeiten darüber, wem welche Rolle gehört, zu vermeiden, kann die Erzieherin schon vor der Stunde die Namen auf den Papierrollen notieren.*

4. Übung: Jedes Kind geht durch den Raum, wie es möchte. Wer von der Erzie-
                  herin mit dem weißen Tuch berührt wird, ist vereist und muß stehen-
                  bleiben. Dies geht so lange, bis alle still im Raum stehen.

Anmerkung: −

5. Übung: Die Erzieherin wirft das weiße Tuch hoch in die Luft. Sobald es auf
                  dem Boden liegt, sind die Kinder „enteist" und laufen zur Erzieherin.
                  In freier Reihenfolge holen die Kinder nacheinander ihre Papierrollen
                  und setzen sich auf ihre Stühle. Jedes einzelne Kind holt seine Rolle
                  jedoch erst, wenn sein Vorgänger bereits sitzt.

Anmerkung: *Auch bei dieser Übung können auf den Papierrollen notierte Namen*
                  hilfreich sein.

6. Übung: Jedes Kind bastelt nun aus seiner Papierrolle einen Pinguin. Dazu wer-
                  den Scheren, Klebstoff, schwarzes und farbiges Tonpapier für alle gut
                  erreichbar in die Mitte des Raumes gelegt. Die Erzieherin hat dazu
                  eine Vorlage auf Papier aufgezeichnet. Wer jedoch eigene Ideen hat,
                  wie er seinen Pinguin gestalten möchte, kann natürlich diese verwirk-
                  lichen. Wer fertig ist, holt sich eine Eisscholle, also ein Styroporstück,
                  legt es irgendwo im Raum auf den Boden und spielt mit seinem Pin-
                  guin, bis alle fertig sind.

Anmerkung: *Die Vorlage sollte nur für alle Fälle bereitgehalten werden, meist*
                  haben die Kinder aber genügend eigene Ideen. Da Kinder immer
                  unterschiedlich schnell fertig sind, ist das anschließende Spiel mit
                  dem Styroporstück sinnvoll. So wird keinem langweilig, und nie-
                  mand wird gestört, bis alle fertig sind.

7. Übung: Jedes Kind trägt seinen Pinguin auf einer Hand, die es flach ausstreckt.
Die Erzieherin singt dazu folgendes Lied:

Textbearbeitung: Pia Gmeiner
Melodie: aufgezeichnet von Anneliese Schöneberger

Es war ein klei - ner Pin - gu - in, der fiel ins kal - te
Dann schrie der klei - ne Pin - gu - in ganz fürch - ter - lich und

Was - ser. Das war nicht schlimm, das war nur so, er
bit - ter, und das war schlimm, und das war so, er

wur - de e - ben nas - ser.
saß auf ei - nem Split - ter.

Hal - low, my lit - tle boy, come

lis - ten what I say, sit down on your po - po and drink a ca - ca - o.

Wenn das Lied beendet ist, geht jeder zu seiner Eisscholle und bleibt
dort stehen. Die Erzieherin singt das Lied ein zweites Mal. Die Kinder
gehen wieder im Raum umher, und am Ende des Liedes steht jedes
Kind bei seiner Eisscholle.

Anmerkung: –

8. Übung: Entspannungsübung: Jedes Kind legt seine Decke neben seine Eisscholle, auf der der Pinguin steht. Leise und ruhig spricht die Erzieherin:

Liegt ganz locker und entspannt, ruht euch aus.

Ihr atmet ruhig und tief ein und aus.

Wenn ihr einen Ton vom Glockenspiel hört, dann spannt alles an.

Die Erzieherin spielt auf
dem Glockenspiel.

Haltet die Spannung so lange, bis ihr
zwei Töne vom Glockenspiel hört,
dann laßt ihr wieder alles locker.

Spürt die Unterschiede: Was ist
angenehmer, die Spannung oder das
Lockerlassen? Wer möchte, kann
etwas dazu sagen.

Legt euch wieder so hin, wie es euch
angenehm ist.

Ich stelle jetzt nacheinander bei
jedem Kind den Pinguin auf irgendein
Körperteil. Spürt einmal nur dorthin,
wo der Pinguin steht. Liegt so ruhig,
daß der Pinguin nicht herunterfällt.

Anmerkung: *Die bewußte Wahrnehmung und der Wechsel von Anspannung und
Entspannung sind wichtig für das Lockerlassen und Ruhigwerden.*

9. Übung: Das Kind, welches von der Erzieherin nun berührt wird, stellt seinen
Pinguin irgendwo im Raum auf den Boden und räumt seine Decke
weg. Das nächste Kind stellt seinen Pinguin hinter diesen Pinguin und
so weiter, bis alle Pinguine in einer Reihe stehen. Alle merken sich gut,
wo sich der eigene Pinguin befindet.

Anmerkung: –

10. Übung: Die Erzieherin teilt die Gruppe in Pinguinmutter, Pinguinvater und
Pinguinkinder ein. Jeder darf einmal jede Rolle spielen. Es wird besprochen, wie ein Pinguin geht, und alle machen den Watschelgang
einmal nach: Die Arme liegen dabei eng am Körper an, die Hände werden nach außen gespreizt.
Der Vater beginnt und watschelt alleine durch den
Raum, dann kommt die Mutter dazu und watschelt hinter dem Vater her, und zuletzt folgen
die Kinder. Die Erzieherin singt das folgende
Lied:

Text und Melodie: trad.

1. Ich hei - ße Au - gust Frie - do - lin und bin ein schwar-zer Pin - gu - in. Wi - di wap, wap, wap, wi - di wap, wap, wap, wi - di wap, wap, wap, klatsch, klatsch.

Anmerkung:	*Für dieses Spiel sollte man sich die Zeit nehmen, daß wirklich jeder einmal jede Rolle spielen kann. Das Spiel macht meist allen großen Spaß!*

11. Übung: Hier sind verschiedene Vorschläge für eine letzte Übung:
– Die Kinder legen aus allen kleinen Eisschollen eine große Eisscholle. Das erste Kind legt seine Eisscholle in den Raum und stellt seinen Pinguin darauf, das nächste legt seine Eisscholle daran und so weiter.
– Auf einen Karton ist ein großer Pinguin aufgezeichnet. Er wird von allen gemeinsam mit unterschiedlich großen weißen und schwarzen Muggelsteinen ausgelegt.
– Jedes Kind erhält einen rechteckigen schwarzen Karton in DIN A4-Größe und zeichnet sich mit weißer Kreide oder weißem Wachsstift einen Pinguin auf.

Anmerkung: –

12. Übung: Die Kinder bilden einen Kreis um eine Eisscholle und singen ihr Schlußlied oder spielen ihr Schlußspiel (siehe Seite 13).

Anmerkung: *Die Kinder können ihre Pinguine mit nach Hause nehmen.*

Vogelhaus und Meisenknödel (Stunde 3)
Vögel bei der Futtersuche

Material: Reifen, Triangeln, Holzblocktrommeln, Klanghölzchen, Glockenkränze, Winterbild mit Vögeln, Seile, Spanstäbchen, Decken, Sonnenblumenkerne, Säckchen, schwarze und blaue Federn, Flöte, Namenskärtchen

1. Übung: Begrüßung: In einem Reifen liegen verschiedene Instrumente: Trian-
geln, Holzblocktrommeln, Klanghölzchen und Glockenkränze. Pro
Kind steht ein Instrument zur Verfügung. Die Erzieherin hält ein
Namenskärtchen hoch. Das Kind, dessen Name auf dem Kärtchen
steht, holt sich ein Instrument und begrüßt damit die ganze Gruppe.
Nach der Begrüßung wird das Instrument mit dem Namenskärtchen
unter den Stuhl gelegt.
Die Kleinen singen ihr Begrüßungslied (siehe Seite 11).

Anmerkung: –

2. Übung: Die Erzieherin zeigt den Kindern ein Winterbild. Auf diesem sind verschiedene Vögel zu sehen: Einige fliegen, andere sitzen zum Beispiel in
einem Futterhäuschen oder picken an einem Meisenknödel. Alle sprechen über das Bild.
Dann singt die Erzieherin den Kindern das Meisenspiel vor.

Text und Melodie: Karl Foltz
aus: Karl Foltz, „Hörst Du nicht den feinen Ton?",
© Möseler Verlag, Wolfenbüttel

Teil A

O wie ist der Win-ter kalt, Frost und Schnee deckt Feld und Wald;

nir-gend-wo ich Fut-ter seh, und der Hun-ger tut so weh.

Teil B

Und nun sucht die Mei-se auf dem Bo-den, auf dem Bo-den, auf dem Bo-den,

a-ber da fin-det sie nix! Und nun hüpft sie auf den Zaun, auf den Zaun,

auf den Zaun, a-ber da fin-det sie auch nix! Und jetzt fliegt sie o-ben ans Fen-ster,

ans Fen-ster, ans Fen-ster, da fin-det sie was, da hängt un-ser Mei-sen-ring:

Teil C

Pick, pick, pick, pick, pick, pick, im-mer noch ein klei-nes Stück.

Teil D

Vie-len Dank, vie-len Dank, das hat fein ge-schmeckt!

Jedes Kind holt unter seinem Stuhl sein Instrument hervor. Während das Lied ein zweites Mal gesungen wird, spielen alle den Rhythmus. Die Kinder werden in drei Gruppen eingeteilt: Die erste Gruppe spielt die Triangeln, die zweite die Glockenkränze und die dritte die Holzblocktrommeln und Klanghölzchen.

Teil A: 1.–3. Takt: Die Triangeln spielen auf jeden 2. Ton einen Schlag.
4. Takt: Die Glockenkränze spielen auf jeden Ton einen Schlag.

Teil B: Die Kinder mit den Triangeln und Glockenkränzen legen ihre Instrumente unter ihren Stuhl und fliegen als Meisen durch den Raum, sie spielen das Gesungene nach. Man braucht 2 unterschiedliche Höhen für Boden und Zaun, zum Beispiel in Form von 2 unterschiedlich hohen Stühlen oder ähnlichem.

Teil C: Die Holzblocktrommeln und Klanghölzchen spielen zusammen das Picken.
Es wird eine kurze Pause gemacht, die „Meisen" fliegen zu ihrem Platz und holen ihre Instrumente.

Teil D: Alle Instrumente spielen zusammen.

Wenn den Kindern das Spiel Spaß macht, kann es wiederholt werden. In dem Fall werden die Instrumente ausgetauscht, damit die „Hölzergruppe" auch einmal Meise spielen kann.
Die Instrumente werden schließlich unter die Stühle gelegt.

Anmerkung: –

3. Übung: Im Raum hängen kleine Säckchen oder auch richtige Meisenknödel. Die Erzieherin spielt auf der Flöte eine Melodie. Alle Kinder fliegen als Meisen zu dem Flötenspiel durch den Raum. Sobald die Musik abbricht, sucht sich jeder einen Futterplatz (Meisenknödel) und pickt so lange, bis das Flötenspiel wieder einsetzt.

Anmerkung: *Das Picken wird mit Daumen und Zeigefinger dargestellt. Es kann zusätzlich mit 2 Schlaghölzchen unterstrichen werden.*

4. Übung: Alle „Meisen" werden singend in den Kreis gebeten (siehe Seite 12). Die Erzieherin läßt ein zugebundenes Stoffsäckchen, in dem sich Federn befinden, in die Kreismitte fallen. Wie fällt das Säckchen? Kann man dabei ein Geräusch hören? Was könnte in dem Säckchen sein? Das Säckchen wird reihum gegeben. Jeder tastet mit den Händen und beschreibt, was er fühlt.

Anmerkung: –

5. Übung: Die Erzieherin öffnet das Säckchen und läßt den Inhalt in die Kreismitte „fliegen".
In freier Reihenfolge holt sich jedes Kind eine Feder. Pro Kind steht eine Feder, blau oder schwarz, zur Verfügung. Die Kinder sind nun Blau- oder Kohlmeisen, je nach Farbe.

Anmerkung: –

6. Übung: Es folgt freies Spiel mit den Federn im Raum. Jedes Kind macht mit seiner Feder etwas vor, die anderen machen es nach.

Anmerkung: –

7. Übung: Jedes Kind befestigt seine Feder irgendwo an seiner Kleidung. Falls nötig, wird Wolle oder Schnur zu Hilfe genommen. Die Erzieherin legt eine schwarze Feder in eine Ecke des Raumes und in eine andere Ecke eine blaue Feder. Dann singt sie das folgende Lied:

Textbearbeitung: Pia Gmeiner
Melodie: Margot Pötschke
Melodie aus: „Zeige, was du hörst"
© Mit freundlicher Genehmigung
EDITION WILHELM HANSEN HAMBURG

Vie - le, vie - le Mei - sen flie - gen, zwit - schern ih - re Lie - der,

bald hin - auf zum Him - mel hin, dann zur Er - de nie - der.

Durch - ein - an - der flie - gend, so ge - schickt sie sind,

daß sie sich nicht strei - fen in dem fri - schen Wind.

Vie - le, vie - le Mei - sen flie - gen, zwit - schern ih - re Lie - der
bald hin - auf zum Him - mel hin, dann zur Er - de nie - der.

Die Kinder fliegen zu dem Lied durch den Raum. Wenn es beendet ist, fliegen die Blaumeisen zu der blauen Feder in die Ecke, die Kohlmeisen zu der schwarzen.

Anmerkung: –

8. Übung: Die Erzieherin legt Seile und Spanstäbchen in die Raummitte. Jede Vogelgruppe baut sich nun in ihrer Ecke ein großes Vogelhaus, in dem alle Platz haben.

Anmerkung: –

9. Übung: Die Erzieherin singt nochmals das Meisenlied. An entsprechender Stelle singt sie entweder „viele, viele Blaumeisen" oder „viele, viele Kohlmeisen".
Dabei fliegen nur die Vögel durch den Raum, die gerade besungen werden. Die andere Vogelgruppe sitzt solange im Vogelhaus. Das Lied wird zweimal gesungen, bis jede Vogelgruppe fliegen durfte.

Anmerkung: *Natürlich kann auch „viele Blau- und Kohlmeisen fliegen" gesungen werden, dann können alle Kinder gleichzeitig fliegen.*

10. Übung: Entspannungsübung:
Die Vogelgruppen sind in ihrem Vogelhaus. Je nachdem, wie groß dieses ist, legen die „Vögel" ihre Decken ins Haus oder ums Haus herum. Zuerst liegen alle ganz ruhig und erholen sich vom Fliegen. Die Arme (Flügel) liegen ganz lang und ausgestreckt. Eine Hand bildet eine Schale: Sie ist geöffnet und zeigt nach oben. Die Erzieherin streicht jedem Kind mit einer Feder am Körper entlang. Die Kinder spüren dorthin, wo sie die Feder berührt. Dann legt die Erzieherin in die geöffnete Hand einige Sonnenblumenkerne.

Anmerkung: *Den Kleinen kann während der Entspannungsphase eine Geschichte erzählt werden von einem kleinen Vogel, der großen Hunger hat und nichts zu fressen findet.*

11. Übung: Die Vogelgruppen dürfen noch eine Weile in ihrem Vogelhäuschen miteinander spielen; sie können sich auch gegenseitig besuchen. Wenn die Erzieherin einen Ton auf der Flöte spielt, legt jede Vogelgruppe in ihrem Vogelhaus ein gemeinsames Bild aus den Sonnenblumenkernen.

Anmerkung: –

12. Übung: Schlußspiel:

Wenn es zwölf geschlagen hat,
fliegt eine Meise durch die Stadt.
Meise komm, rühr mich an,
damit ich ein Körnchen mit nach Hause nehmen kann.

Die Erzieherin berührt die Kinder nacheinander mit einer Feder. Wer berührt wurde, holt sich einen Sonnenblumenkern und legt ihn, zusammen mit seiner Feder, unter seinen Stuhl.
Die Vogelhäuser werden gemeinsam aufgeräumt.
Schlußlied: Zuvor wird alles aufgeräumt und jeweils eine Feder und ein Kern unter den Stuhl gelegt. Dann wird ein Kreis gebildet und das Lied von Seite 13 gesungen.

Anmerkung: *Aus den restlichen Sonnenblumenkernen kann man mit der Gruppe einen Meisenknödel herstellen.*
Zur Herstellung eines Meisenknödels braucht man: ein Netz (zum Beispiel von Zitronen oder Orangen), Kokosfett, Vogelfutter (Sonnenblumenkerne).
Das Fett wird erhitzt und das Vogelfutter eingestreut. Wenn die Masse gut abgekühlt ist, kann man sie zu einer Kugel formen und in das Netz geben. Das Netz wird zugebunden und mit einer Schnur an einem Ast befestigt.
Der einzelne Kern wird jeweils in einen Blumentopf eingepflanzt, entweder in der Kindergartengruppe oder zu Hause.

Hokus, pokus, fidibus (Stunde 4)
Bald ist Fastnacht!

Material: Gong, Zauberstäbe (verzierte Rundstäbe), Korb, Tuch zum Abdecken, Decken, ggf. Kassettenrekorder, Kassette „Tänze für Kinder", Fidula Verlag, Zaubererhut

1. Übung: Begrüßung: Unter einem Tuch liegt ein „Zauberstab". Das erste Kind holt ihn unter dem Tuch hervor und überlegt, wie es damit die ganze Gruppe begrüßen kann. Der Reihe nach begrüßt nun jedes einzelne Kind mit dem Zauberstab die Gruppe.
Die Kleinen singen ihr Begrüßungslied (siehe Seite 11). Dabei kann der Text nach Belieben abgeändert und verschiedene Gegenstände können im Zimmer verzaubert werden, zum Beispiel: „Wir fangen an, wir fangen an, die Stühle verzaubern wir zu wilden Pferden, hulle, wulle, wille, wille, wulle, wu."

Anmerkung: *Der Zauberstab ist ein ganz normaler Gymnastikrundstab, der mit goldenen Sternen zu einem Zauberstab umfunktioniert wurde. Man kann natürlich auch für jedes Kind einen Zauberstab basteln, indem man sich lange Rundhölzer besorgt, diese entsprechend zurechtsägt und mit schwarzer und weißer Farbe als Zauberstab bemalt.*
Das Begrüßungslied der Kleinen wird von zum Text passenden Bewegungen begleitet. Wenn die Stühle wie im Beispiel in wilde Pferde verzaubert werden, bewegen die Kinder die Stühle auf und ab, während sie darauf sitzen.
Man kann zusammen mit den Kindern Zauberbewegungen erfinden, die immer beim Refrain wiederholt werden.

2. Übung: Jedes Kind geht frei durch den Raum, ohne an etwas zu stoßen. Wer von der Erzieherin mit dem Zauberstab berührt wird, bleibt stehen.

Anmerkung: *Diese Übung wird oftmals zu einem lustigen Fangspiel!*

3. Übung: Alle stehen verzaubert im Raum. Die Erzieherin spielt auf dem Gong und spricht dazu mit monotoner Stimme:

Wille, wille, wulle, wu,
wille, wille, wulle, wu,
wille, wille, wulle, waus,
der Zauber ist jetzt aus.

Nun können sich alle Kinder wieder bewegen.

Anmerkung: –

4. Übung: Wie Übung 2, nur erhält ein Kind den Zauberstab. Es berührt die einzelnen Kinder und übergibt wiederum dem letzten Kind, das verzaubert wird, den Zauberstab. Diese Übung geht so lange, bis alle Kinder einmal zaubern durften.

Anmerkung: *Zum Schluß werden wieder alle mit dem Gong nach dem Spruch entzaubert. Um zu heftige Berührungen mit dem Zauberstab zu vermeiden, könnte man beispielsweise als Regel mit den Kindern absprechen, daß der Stab nur die Füße berühren darf, oder man gibt bei dieser Übung den Kindern nur einen kleinen und dünnen Zauberstab, den man extra für sie und die ersten vier Übungen herstellt. Die dicken Stäbe erhalten sie dann erst bei Übung 6.*

5. Übung: Alle Zauberlehrlinge bilden einen Kreis. Sie schließen die Augen, und die Erzieherin stellt einen mit einem Tuch abgedeckten Korb, der dicke Zauberstäbe enthält, in die Kreismitte. Wer von ihr angetippt wird, öffnet die Augen, tastet über das Tuch und beschreibt, was er fühlt, ohne den Namen des Materials unter dem Tuch zu nennen.

Anmerkung: *Der Korb wird erst in die Mitte gestellt, wenn alle die Augen geschlossen haben, denn die großen Stäbe sind auch unter einem Tuch leicht zu erkennen.*

6. Übung: Sobald die Erzieherin auf dem Gong einen lauten Schlag spielt, öffnen alle die Augen und überlegen gemeinsam, was unter dem Tuch sein könnte. Dann wird das Tuch weggenommen. Darunter liegen so viele Zauberstäbe, wie Kinder teilnehmen. Wenn die Erzieherin eine Hand hochhält, holt sich immer ein Kind einen Zauberstab und hält ihn fest. Schließlich hat jedes Kind einen Zauberstab.

Anmerkung: *Die freie Reihenfolge beim Holen von Materialien kann erst mit älteren Kindern durchgeführt werden. Den „Kleinen" nickt man zu, wenn sie an der Reihe sind.*

7. Übung: Die Kinder spielen frei mit dem Zauberstab: Was kann man mit ihm machen, ohne an etwas zu stoßen? Wenn die Kinder mögen, werden die Übungen vorgeführt, und der Rest der Gruppe macht sie nach.

Anmerkung: *Beim freien Ausprobieren sollten gewisse Einschränkungen gemacht werden, zum Beispiel nicht mit den Stäben werfen oder um sich schlagen oder ähnliches.*

8. Übung: Jeder legt seinen Zauberstab vor sich auf den Boden. Zu dem folgenden Fastnachtslied gehen die Kinder um alle Stäbe herum. Sobald das Lied beendet ist, steht jeder wieder bei seinem Stab.

Text: Christel Süßmann
Melodie: Heinz Lemmermann
von der Fidula-CD 4401 „Tanzlieder für Kinder",
Fidula-Verlag Boppard/Rhein und Salzburg

Trat ich heu-te vor die Tü-re, sap-per-lot, was
Tanz-te doch die Gans A-ga-the mit dem Trut-hahn

1. sah ich da?
2. (Schluß) Cha - Cha - Cha! Und die Hüh-ner

und die Tau-ben mach-ten „meck" und schri-en „muh",

(von vorn)
und das Pferd mit sei-nen Hu-fen klap-per-te den Takt da-zu.

Anmerkung: *Je nach Alter der Kinder kann man den Schwierigkeitsgrad der Übung auch langsam steigern. Dann wird das Lied zunächst zwei- bis dreimal gesungen, und am Ende stehen die Kinder an irgendeinem Stab. Erst wenn sie das Lied gut kennen, laufen sie am Ende zu ihrem Stab.*

9. Übung: Das erste Kind legt seinen Stab irgendwo im Raum auf dem Boden ab, holt seine Decke, legt sie auf den Boden und stellt sich wieder zur Gruppe. Dann kommt das nächste an die Reihe. Es legt seinen Stab an den ersten Stab an und so weiter.

Anmerkung: *Damit jeder seinen eigenen Stab bei Übung 11 wiederfindet, wird erst weitergemacht, wenn das Kind, das seinen Stab abgelegt hat, wieder bei der Gruppe steht. Kleinere Kinder können bei solch einer Übung schon mal wütend werden, wenn sie nämlich ein bestimmtes Gebilde im Sinne hatten und dann etwas anderes entsteht. Sie können daher auch alternativ ihren Stab irgendwo im Raum ablegen.*

10. Übung: Entspannungsübung:
Jeder legt sich auf seine Decke. Die Erzieherin erzählt eine Geschichte vom Zauberer Tinizab, der mit einem großen Zauberstab die Leute verzaubert hat. Zuerst hat er die Füße verzaubert, die ganz ruhig und locker eingeschlafen sind, dann die Beine, die Arme und so fort. Die Körperteile, von denen die Erzieherin erzählt, berührt sie bei jedem Kind mit einem Zauberstab. Dann weckt sie sie in umgekehrter Reihenfolge durch Berühren wieder auf.

Anmerkung   –

11. Übung: Die Decken werden wieder weggeräumt, und in der gleichen Reihenfolge wie in Übung 9 werden die Stäbe einzeln wiedergeholt.

Vorschlag für einen abschließenden Tanz nach dem Lied „Im Kuckucksland, im Kuckucksland" auf der Kassette „Tänze für Kinder", Fidula-Verlag:

Die Kinder gehen frei durch den Raum. Bei „verhext" bleiben sie sofort steif stehen. Bei „dideldext" sind sie wieder entzaubert und gehen frei weiter.

Wir spannen uns're Schürze aus,	Alle zeigen pantomimisch, daß sie eine Schürze ausziehen.
schnick, schnack,	2mal mit den Füßen aufstampfen oder 2mal mit den Fingern schnipsen.
und segeln auf das Meer hinaus,	Schürze wird als Segel aufgespannt, die Hände und Arme zeigen das an.
schnick, schnack.	Die gleiche Bewegung wie zuvor machen.

2. Strophe:
Gleicher Anfang, dann:

Wir nehmen ein Rhabarberblatt, schnick, schnack, und reiten auf den Ararat, schnick, schnack.	Blatt abpflücken und zwischen die Beine zum Reiten klemmen.

3. Strophe:

Wir fangen uns ein Spinnweb ein, schnick, schnack, und tanzen drauf im Sonnenschein, schnick, schnack.	Pantomimisch aus der Luft Spinnweb fangen und es vorsichtig vor sich auf den Boden legen.

Vorschlag für ein pantomimisches Spiel vom „Großen Zauberer Tini-zab“:
Ein Kind sitzt in der Raummitte auf einem Stuhl mit einem weichen Kissen. Es trägt auf dem Kopf einen Zaubererhut und hält in der einen Hand einen großen Zauberstab.
Dann singt die Erzieherin vor:

Gro - ßer Kö - nig Ti - ni - zab. Mit dem gro - ßen Zau - ber - stab. Ach, so sag uns bit - te nun, was dür - fen wir heut für dich tun?— Gro - ßer Ti - ni - zab.

Während das Lied gesungen wird, gehen alle um den Zauberer herum. Am Ende des Liedes bleiben alle stehen, und der Zauberer sagt seinen Gehilfen, was sie tun müssen, zum Beispiel Fenster putzen, Äpfel pflücken und so weiter. Die Kinder stellen alles pantomimisch dar, bis der Zauberer mit seinem Stab auf den Boden klopft. Dann zeigt sein Stab auf ein Kind, und dieses wird nun als Zauberer verkleidet.

Anmerkung: *Die Stunde eignet sich gut als Einstimmung auf die kommende Fastnachts- beziehungsweise Karnevalswoche.*

12. Übung: Alle versammeln sich zum Schlußlied oder -spiel (siehe Seite 13).

Anmerkung: *Wer in einer sehr närrischen Gegend wohnt, kann statt einer solch klassischen Rhythmikstunde auch eine Stunde kunterbunt mit Scherzfragen, Polonaise, Geschicklichkeitsspielen, lustigen Sprechreimen und ähnlichem gestalten.*

Macht Lärm und Krach, soviel ihr könnt! (Stunde 5)
Wir treiben den Winter aus

Material: Servietten (jeweils 2 in der gleichen Farbe), Tamburin, Schlaghölzchen, Namenskärtchen, Decken

1. Übung: Begrüßung: Unter jedem Stuhl liegen, mit einer Serviette verdeckt, 2 Schlaghölzchen. Die Erzieherin mischt die Namenskärtchen und legt sie dann in eine Reihe. Es beginnt das Kind, dessen Kärtchen zuerst auf den Boden gelegt wurde. Es holt unter seinem Stuhl das Material unter der Serviette hervor und begrüßt damit die ganze Gruppe. Dann holt es sein Namenskärtchen, legt es unter seinen Stuhl und stellt die Schlaghölzchen darauf. Danach ist das nächste Kind an der Reihe.
Die Kleinen singen ihr Begrüßungslied (siehe Seite 11).

Anmerkung: –

2. Übung: Die Kinder gehen frei durch den Raum. Wenn die Erzieherin einem Kind zunickt, holt dieses seine Hölzchen unter seinem Stuhl hervor und geht damit klopfend durch den Raum. Nach einiger Zeit geht es zu einem zweiten Kind und klopft vor diesem einmal mit seinen Hölzchen. Währenddessen bleiben die übrigen Kinder stehen. Nun geht auch das zweite Kind klopfend durch den Raum, bis es vor einem dritten stehenbleibt, und so weiter, bis alle Kinder ihre Hölzchen schlagen. Sobald die Erzieherin einmal laut auf dem Tamburin spielt, bleiben alle stehen und hören auf zu klopfen.

Anmerkung: –

3. Übung: Alle Kinder gehen hölzchenschlagend durch den Raum. Wenn die Erzieherin mit ihrem Hölzchen auf das Hölzchen eines der Kinder klopft, stellt dieses Kind seine Schlaghölzchen unter seinen Stuhl und setzt sich.

Anmerkung: *Bei dieser Übung ist unbedingt darauf zu achten, daß die Kinder wirklich gehen und nicht laufen. Denn ansonsten ist im Nu das wildeste Fangspiel im Gange.*

4. Übung: Jedes Kind probiert mit einem Hölzchen etwas aus. Dabei kann es gehen, stehen oder sitzen, es kann an etwas im Raum klopfen und vieles mehr.

Anmerkung: *Wie immer sollten beim freien Ausprobieren notwendige Einschränkungen gemacht werden, damit nichts beschädigt wird.*

5. Übung: Jedes Kind sucht sich im Raum etwas, wogegen es mit seinem Hölzchen schlagen kann. Die Kinder klopfen im Takt des folgenden Reims, den die Erzieherin spricht:

Poch, poch, poch,
poch, poch, poch,
klopf nicht zu stark,
sonst gibt's ein Loch.

Wenn der Reim beendet ist, sucht sich jedes Kind einen neuen Gegenstand oder eine neue Stelle im Raum aus. Sobald der Reim erneut beginnt, klopfen alle dazu.

Anmerkung: –

6. Übung: Jedes Kind stellt sein Hölzchen auf den Boden. Die Erzieherin singt
folgendes Lied, und alle gehen dazu kreuz und quer durch den Raum
und um die Hölzchen herum. Am Ende des Liedes soll jedes Kind bei
einem Hölzchen stehenbleiben:

Die Schneeglöckchen läuten.
Die Schneeglöckchen läuten,
f c" C" d" C" a
bimm e lim bim bim.
f d' f g a
Was soll das bedeuten,
f C" c" d" c" a
bim e lim bim bim?
f d' f g a
Habt ihr's nicht vernommen?
c" g f g a c" a
Frühling will kommen.
g f g a c" a
Bimme lim bim bim bimme lime lim bim bim.
f d' f g a c" d" c" a c" a g f

1. Die Schneeglöckchen läuten, bimelimbimbim,
was soll das bedeuten, bimelimbimbim?
Habt ihr's nicht vernommen?
Frühling will kommen.
Bimmelimm bim bim bimmelimelim bim bim bim.

2. Den Kuckuck zu wecken, bimelimbimbim,
den Winter zu erschrecken, bimelimbimbim.
Habt ihr's nicht vernommen?
Frühling will kommen. Bimelim bimbim ...

3. So töne zum Himmel, bimelimbimbim,
du fröhlich Gebimmel, bimelimbimbim.
Wir haben's vernommen.
Frühling will kommen. Bimelim bimbim ...

Die Erzieherin wiederholt das Lied noch ein- oder zweimal, und
schließlich soll jedes Kind am Liedende bei seinem eigenen Hölzchen
stehen.

7. Übung: Jeweils 2 Kinder haben eine Serviette in der gleichen Farbe unter ihrem Stuhl liegen. Sie bilden nun ein Paar und probieren gemeinsam etwas mit den beiden Hölzchen aus. Ein Paar nach dem anderen macht seine Übung vor, die anderen Paare machen sie nach.

Anmerkung: –

8. Übung: Ein Kind hält sich an beiden Hölzchen fest, der Partner führt es durch den Raum. Dabei schließt das Kind, das geführt wird, die Augen. Nach einiger Zeit tauscht das Paar die Rollen. Die Paare, die fertig sind, stellen sich an eine Wand und warten auf die anderen.

Anmerkung: –

9. Übung: Entspannungsübung:
Jedes Paar holt sich eine Decke. Ein Kind legt sich hin, das andere rollt oder klopft dem Partner den Körper mit seinem Hölzchen ab. Das liegende Kind sagt, was es mag und wie kräftig geklopft werden darf.

Anmerkung: *Die Übung kann auch im Sitzen durchgeführt werden. In diesem Fall wird nur der Rücken abgeklopft.*

10. Übung: Die Paare holen jeweils ihr zweites Hölzchen dazu. Mit ihren 4 Hölzchen versuchen sie, Türme zu bauen. Schließlich besichtigen alle die Türme.

Anmerkung: –

11. Übung: Es wird folgender Reim gesprochen:

Winter, darfst nicht mehr bleiben,
Sonne, kehr wieder,
wir wollen dich heute vertreiben,
Sonne, kehr wieder.
Blumen warten in der Erde,
daß es endlich Frühling werde.
Winter raus, raus aus dem Haus,
raus aus dem Land,
wirst jetzt verbannt.

Die letzten drei Zeilen werden zuerst leise geflüstert, dann wird die Lautstärke langsam gesteigert bis zum Brüllen. Die Kinder holen ihre Hölzchen dazu und klopfen im Takt mit. Entweder werden sie in verschiedene Gruppen eingeteilt, und jede Gruppe klopft eine bestimmte Zeit mit, oder aber alle klopfen nur zu den letzten drei Zeilen und rufen laut den Text dazu.

Anmerkung: –

12. Übung: Alle singen das Schlußlied oder spielen das Schlußspiel (siehe Seite 13).

Anmerkung: –

Nun ist der Frühling nicht mehr fern (Stunde 6)
Die ersten Schneeglöckchen zeigen sich

Material: Glocken unterschiedlicher Größe, Reifen, großer Tonblumentopf, Vase, Schneeglöckchen mit Zwiebeln und Wurzeln, weiße Servietten, Decken, kleine blaue Muggelsteine, ggf. grünes Papier, Spanstäbchen, großes Plakat, Farbstifte

1. Übung: Begrüßung: In einem Reifen liegen verschiedene Glocken (große Kuhglocke, Glockenkranz, kleines Glöckchen und ähnliches).
Der Reihe nach holt sich immer ein Kind eine Glocke, begrüßt damit die ganze Gruppe und legt es wieder in den Reifen zurück. Die Kleinen singen ihr Begrüßungslied (siehe Seite 11).

Anmerkung: –

2. Übung: In der Mitte des Raumes steht ein größerer Blumentopf aus Ton auf einer Vase mit Wasser. In der Vase sind Schneeglöckchen mit Wurzeln. Jedes Kind geht durch den Raum, wie es möchte, ohne an etwas zu stoßen. Wer an dem Blumentopf vorbeikommt, darf durch das Loch schauen. Wenn die Erzieherin einmal mit einem Glöckchen klingelt, bleiben alle stehen. Sie gibt ihr Glöckchen einem Kind. Wenn dieses mehrere Male klingelt, dürfen alle wieder gehen, wenn das Kind einmal mit dem Glöckchen klingelt, bleiben alle stehen. Dann wird das Glöckchen an das nächste Kind weitergegeben und so fort, bis jedes Kind einmal an der Reihe war.

Anmerkung: –

3. Übung: Die Erzieherin spricht folgenden Reim, und die Kinder machen die beschriebenen Bewegungen mit:

Schleichen, schleichen, leise schleichen,
jeder schleicht, so leis' er kann.
Und zähl' ich bis drei,
dann haltet an:
eins, zwei drei.

Der Reim wird mehrmals mit verschiedenen Zahlen wiederholt.

Anmerkung: *Die Erzieherin kann den Reim auch flüstern, dann gehen die Kinder schon allein deshalb entsprechend leise, damit sie alles hören können.*

4. Übung: Die Kinder werden singend in den Kreis gebeten (siehe Seite 12). Sie sitzen um den Blumentopf herum. Der Reihe nach sagt jedes, was es unter dem Topf vermutet. Die Erzieherin hebt den Topf hoch, und die Kinder sehen die Schneeglöckchen in der Vase. Nun wird über die Blumen gesprochen, und ein paar Schneeglöckchen werden reihum gegeben, damit jedes Kind sie vorsichtig anfassen und daran riechen kann.

Anmerkung: –

5. Übung: Alle schließen die Augen. Die Erzieherin berührt mit einem Schneeglöckchen ein Kind. Dieses öffnet die Augen, nimmt die Blume und berührt mit dieser seinen Nachbarn und so weiter, bis alle die Augen geöffnet haben. Dann wird das Schneeglöckchen wieder in die Vase zurückgestellt.

Anmerkung: –

6. Übung: Die Kinder schließen wieder die Augen. Die Erzieherin legt jedem Kind eine weiße Serviette auf den Kopf und stellt vor jedes Kind eine Glocke. Nun tippt sie ein Kind an. Dieses öffnet die Augen, klingelt mit seiner Glocke und tippt seinen Nachbarn an und so weiter, bis alle die Augen geöffnet haben. Die Servietten bleiben auf den Köpfen liegen.

Anmerkung: *Bei dieser Übung werden die Kinder sehr leise und ruhig. Man kann die Übung auch gut als Einzelübung im Stuhlkreis durchführen, wenn man die Kinder auf etwas einstimmen möchte.*

7. Übung: Jedes Kind nimmt seine Serviette vom Kopf und stellt seine Glocke darauf. Dann klingeln alle mit ihren Glocken, bis die Erzieherin ihre Hand hochhält. Die Kinder lassen dann die Musik verklingen. Nun klingelt ein Kind nach dem anderen mit seiner Glocke. Alle anderen hören gut zu und merken sich, wie die unterschiedlichen Glocken klingen.

Anmerkung: –

8. Übung: Die Kinder schließen die Augen. Die Erzieherin klingelt mit einer Glocke, dann öffnen alle ihre Augen und zeigen auf das Kind, mit dessen Glocke geklingelt wurde.

Anmerkung: –

9. Übung: Alle stellen ihre Glocken in die Kreismitte. Dann versuchen sie, aus ihrer Serviette die Blüte eines Schneeglöckchens zu falten. Dazu wird zunächst die Serviette zu einem Dreieck gefaltet. Dann werden die Ecken A und B so nach oben geknickt, daß sie ca. 2 cm neben der Spitze liegen.

Anmerkung: –

10. Übung: Jedes Kind holt seine Decke und legt sich darauf. Das aus der Serviette gebastelte Schneeglöckchen liegt neben ihm. Die Erzieherin erzählt:

Stellt euch vor, ihr seid solch ein Schneeglöckchen. Ihr seid zuerst eine kleine Blumenzwiebel, die in der weichen, warmen Erde liegt. Macht euch ganz klein, und nehmt euer Schneeglöckchen zwischen beide Hände. Draußen ist es kalt. Der Boden über euch ist noch gefroren. Nur die Erde, in der ihr liegt, ist angenehm und wärmt euch. Heute scheint draußen die Sonne, ihre Strahlen erwärmen den Boden. Er taut auf, die Strahlen der Sonne dringen tief in die Erde ein. Sie wärmen auch kleine Blumenzwiebeln. Spürt ihr schon die wärmenden Strahlen der Sonne?

Die Erzieherin legt jedem Kind ihre Hände auf eine Schulter und läßt sie dort einige Sekunden ruhen, bis es warm wird.

Durch die Wärme der Sonne wachen die Zwiebeln auf, sie beginnen langsam zu wachsen. Eure Füße sind fest auf eurer Decke verwurzelt. Steht langsam auf, bleibt aber mit dem Oberkörper noch in gebückter Haltung.
Der Boden über den Schneeglöckchen ist durch die Sonne aufgetaut. Jetzt beginnt es noch zu regnen.

Die Erzieherin läßt auf den Rücken der Kinder kleine blaue Muggelsteine rieseln.

Spürt ihr schon die kleinen Regentropfen? Jetzt wachsen die Schneeglöckchen noch ein Stück. Streckt den Oberkörper, und laßt nur noch den Kopf gesenkt. Wenn ich gleich mit meinem Glöckchen klingle, dann streckt ihr den Kopf nach oben und öffnet über dem Kopf eure Hände, in denen die Blüte eures Schneeglöckchens liegt.

Anmerkung: –

11. Übung: Die Kinder legen das Schneeglöckchen vorsichtig auf den Boden und räumen ihre Decken weg. In einer der folgenden Übungen erhalten nun die Schneeglöckchen noch Stiel und Blätter:
Man kann das Schneeglöckchen auf ein Blatt kleben und Stiel und Blätter aus Papier ausschneiden und dazukleben.
Man legt Stiel und Blätter aus Spanstäbchen und Muggelsteinen dazu.
Man legt nur aus den Servietten-Schneeglöckchen ein gemeinsames Bild, wobei ein Kind seine Blume aus der weißen Serviette irgendwo in den Raum legt, das nächste Kind dann seines dazulegt und so weiter. Auf einem großen Plakat entsteht ein Gemeinschaftsbild mit einer blühenden Schneeglöckchenwiese. Stiele und Blätter werden mit Wachsmalstiften dazugemalt.

Anmerkung: –

12. Übung: Jedes Kind holt sich aus der Vase ein Schneeglöckchen mit Zwiebel und Wurzeln und stellt sich zum Schlußlied oder -spiel auf (siehe Seite 13).

Anmerkung: *Die Schneeglöckchen werden entweder draußen in die Erde oder einzeln in einen kleinen Blumentopf eingepflanzt.*